OSWALD CHAMBERS

Unendlich beschenkt

Leben aus der Kraft Gottes

Vorbemerkung der Übersetzerin: Oswald Chambers war ein Prediger und Bibellehrer allerersten Ranges, aber kein Schriftsteller. Alles, was von ihm überliefert ist, stammt entweder aus seinem Nachlass oder (überwiegend) aus den Mitschriften seiner Frau. Der heutige Leser hat also keinen vom Autor revidierten Text vor sich, sondern die Mitschrift von Predigten und Vorträgen ohne die dazugehörige Betonung, Gestik und Mimik und ohne eventuelle Publikumsreaktionen. Auch können wir über 80 Jahre nach Chambers' Tod die meisten aktuellen Bezüge nicht mehr erkennen. Daher tauchen gelegentliche kleine Brüche oder Lücken im Zusammenhang auf; diese Lücken habe ich durch kleine Einfügungen so gut wie möglich zu schließen versucht, wobei es mir besonders wichtig war, Chambers' Gedanken und Lehre nicht zu verfälschen. Die Einfügungen sind durch Kursivschrift kenntlich gemacht. Kursiv gesetzte Bibelstellen sind auch im Original hervorgehoben. Im Original hervorgehobene Worte und Satzteile sind unterstrichen. M. St.

Übersetzt aus Our Brillant Heritage
Originalverlag: Oswald Chambers Publications Association Ltd
© Copyright: 1929
Übersetzerin: Marlis Stubenitzky

hänssler-Hardcover
Bestell-Nr. 393.591
ISBN 3-7751-3591-X

© Copyright by Hänssler Verlag,
D-71087 Holzgerlingen
Titelfoto: privat
Umschlaggestaltung: Ingo C. Riecker
Satz: AbSATZ – Klein Nordende
Druck und Bindung: Beck'sche, Nördlingen
Printed in Germany

Inhalt

Unser unvergleichlicher Reichtum (Heiligung)   7
1. Das Geheimnis der Heiligung   9
2. Das Evangelium von der Gnade Gottes   19
3. Was zu oft unbeachtet bleibt.   27
4. Im Himmel.   37
5. Das Erbteil der Heiligen   48

Zu ihm hin wachsen
(Gewohnheiten der Christen)..................   61
6. Fang an!   63
7. Das schaffst du nie!   70
8. Keine Gewohnheiten haben.   78
9. Ein gutes Gewissen haben   84
10. Unannehmlichkeiten begrüßen   92
11. An der Situation wachsen   100
12. Reich sein   108

So wie er (Erfahrungen der Christen)   115
13. Das Nächstliegende tun.....................   117
14. Nichts mehr davon!   122
15. Ankommen   128
16. Tu etwas!   134
17. Du brauchst nicht mehr zu sündigen........   139
18. Und dann?...............................   146
19. Disziplin   153
20. Nicht nachlassen   159
21. Liebe zu Gott einüben.....................   164

Unser unvergleichlicher Reichtum

Heiligung

Das Geheimnis der Heiligung 9
Das Evangelium von der Gnade Gottes 19
Was zu oft unbeachtet bleibt 27
Im Himmel 37
Das Erbteil der Heiligen 48

1

Das Geheimnis der Heiligung

Und groß ist, wie jedermann bekennen muss, das Geheimnis des Glaubens: Er ist offenbart im Fleisch ... (1. Tim 3, 16)

Das Wort »Geheimnis« bezeichnet etwas, das nur Eingeweihte wissen; auch das biblische Geheimnis der Heiligung können wir nur verstehen und wirklich erfahren, wenn wir zu den Eingeweihten gehören, d. h. wir müssen von Gottes Geist neu geboren sein. Robert Murray McCheyne sagt – und das möchte ich mir für immer einprägen: »Was mein Volk am nötigsten braucht, ist, dass ich persönlich ganz Gott gehöre.« Wenn du das Evangelium predigst, sage das von deiner Gemeinde: »Was mein Volk am nötigsten braucht, ist, dass ich ganz Gott gehöre.« Wenn du unterrichtest, sage das von deiner Klasse: »Was meine Sonntagsschule am nötigsten braucht, ist, dass ich ganz Gott gehöre.«

Bin ich von Gottes Geist neu geboren worden? Wie ist meine innere Einstellung zu Gottes Anspruch an mich? Jesus sagt: »An der Frucht erkennt man den

Baum«, und ob ich vom Heiligen Geist geboren bin, erkenne ich an meinen innersten Wünschen. Ist es mir wichtiger als alles andere, mit Gott einig zu sein? Wünsche ich mir, dass mein Inneres, meine Beweggründe, mein Verhalten, alles in mir so gut und wahr ist, wie Gott das will? Wenn ja, dann ist das ein deutliches Zeichen, dass ich ein »Eingeweihter« bin; dann bin ich imstande, das Geheimnis der Heiligung gut genug zu verstehen, um es praktisch zu erlernen.

... ändert euch durch Erneuerung eures Sinnes (Röm 12, 2)

Wenn wir vom Heiligen Geist neu geboren werden, dann weckt Gottes Wort große Wünsche in uns, und immer wenn wir beten, erneuert der Heilige Geist unser Denken; wenn wir mit anderen Christen zusammen sind, dann spüren wir, wie liebevoll Gott uns belebt, und irgendwann wissen wir, dass es in Wahrheit unser größter innerer Wunsch ist, so mit Gott übereinzustimmen, wie er das möchte. Wir möchten »mit dem Heiligen Geist getauft werden«, damit eine große Familienähnlichkeit mit Jesus Christus an uns sichtbar wird. Jeder Mensch, der mit Gott neu angefangen hat zu leben, wünscht sich das sehr. All denen will Paulus das Geheimnis Gottes mitteilen, weil sie den Heiligen Geist haben und es durch ihn verstehen können. Wir müssen darauf achten, ob wir uns das wirklich wünschen.

Heiligung ist besonders für die Menschen da, die mit ihrer Rettung durch Christus schon den ersten Anfang erlebt haben, die Christus mit Gott versöhnt und in eine heile Beziehung zu ihm versetzt hat und die das starke

Bedürfnis spüren, Gott Freude zu machen und alles zu tun, was er will.

Haben wir dieses Bedürfnis? Richten sich unsere tiefsten inneren Wünsche auf Gott? Vor allem: Wissen wir, dass wir mit Gott versöhnt sind? Wissen wir, dass uns alles Böse vergeben ist und dass Gott seinen lebendigen Geist in uns ausgegossen hat, und lernen wir im täglichen Leben in Gottes Nähe zu bleiben? Wird der Heilige Geist in uns stärker als unsere Eigensucht? Merken wir, dass wir immer dann die Kraft haben, unsere Aufgaben nach Gottes Wunsch zu erfüllen, wenn wir uns auf ihn verlassen?

All das sind großartige Erfahrungen, die Christen am Anfang normalerweise machen. Jeder, der vom Heiligen Geist neu geboren wird, erlebt das; damit gehört er zu den Eingeweihten, die das Geheimnis der Heiligung verstehen und hoffentlich auch erleben.

Es gibt Christen, die sagen: »Ja, ich möchte vollkommen gut sein, ich lese die Bibel, ich versuche mich tadellos zu verhalten und von der Auferstehungskraft Jesu zu leben.« So erfährt man nie, was Heiligung ist; das ist nicht im Sinne Gottes. Sünde, *die wir tun*, ist ein Schritt von Gott weg; dass der Heilige Geist uns neu macht, das ist ein Schritt zu Gott hin und auch die Heiligung, durch die wir am vollkommenen Charakter Christi Anteil bekommen, ist ein Geschenk.

Andere Christen sagen: »Ich habe es immer wieder versucht und darum gebetet, aber ich finde es so schwer, mir den rechten Arm abzuschlagen und das rechte Auge auszureißen! Da bin ich zu dem Schluss gekommen, dass ich nicht würdig bin, dass Gott mir ein so großes Geschenk macht. Ich gehöre nicht zu den wenigen, die vollkommen gut sein können.« Ich glaube, es gibt viele Christen, die sozusagen aufgegeben haben und nun meinen, Heiligung sei nicht für sie gedacht. Der Grund dafür ist der, dass sie versucht haben die Heiligung auf ihre Weise zu erreichen und nicht nach der Art und Weise Gottes, und da haben sie versagt.

Noch andere versuchen es Gott durch verschiedene Bußübungen, Fasten, Gebete und körperliches Leiden recht zu machen. Auch sie versuchen das Problem anders zu lösen, als Gott es festgelegt hat.

Versuchst du auf einem von diesen Wegen Gott näher zu kommen? Du weißt zwar, dass Gott dich ohne dein Zutun gerettet hat, aber nun sagst du: Heiligung muss nach und nach umgesetzt werden. Ich wünsche dir, dass der Heilige Geist dich in seiner dezenten Weise korrigiert und dass du die erste Voraussetzung für ein geheiligtes Leben verstehen kannst: »Christus Jesus, der uns von Gott gemacht ist ... zur Heiligung ...« (1. Kor 1, 30).

Geschenk, nicht Nachahmung

Heiligung bedeutet nicht, dass wir in den Zustand versetzt werden, in dem Adam ursprünglich war, und nun vor der Forderung stehen alles zu erfüllen, was Gott uns als seinen Willen zu erkennen gibt; Heiligung ist unendlich viel mehr. Jesus Christus ist vollkommen gut, vollkommen geduldig und liebevoll und er hat die vollkommene Macht über alles Böse, über alles, was nicht von Gott kommt. Heiligung bedeutet, dass all diese Eigenschaften durch ihn auch uns gehören. Im Hebräerbrief werden wir nicht aufgefordert Jesus nachzuahmen, wenn uns etwas Böses verlockend erscheint, sondern wir sollen zu Jesus kommen; er wird uns helfen, wenn wir es brauchen (s. Hebr 4, 16). Das heißt, dass uns seine uneingeschränkte Widerstandskraft gegen Angriffe zur Verfügung steht, weil er in uns ist.

Wir haben das schon so oft gehört: Wenn Schwierigkeiten kommen, sollen wir nicht versuchen uns durch Gebet für den Kampf zu stärken, sondern wir sollen uns so verhalten, dass die Vollkommenheit Jesu Christi durch Gottes Handeln in uns sichtbar wird. Jesus Christus gibt uns nicht die Kraft so viel Geduld zu entwickeln, wie er selbst sie hat. Wenn wir erlauben, dass sein Wesen in uns bleibt, wird seine Geduld erkennbar. Sehr viele verstehen Heiligung so, dass wir von Jesus die Kraft bekommen, vollkommen gut zu sein. Nein, wir bekommen von Jesus das Wesen, das man an ihm selbst gesehen hat; er macht es an uns sichtbar. Das ist das »Geheimnis der Heiligung«.

Heiligung bedeutet nicht, dass Gott uns die Fähigkeit gäbe, in einer langsamen und stetigen Entwicklung eine Vollkommenheit zu erreichen, die seiner gleicht; Heiligung ist seine Vollkommenheit in uns. So erleben wir praktisch, was Paulus in 1. Kor 1, 30 sagt: »Durch ihn aber seid ihr in Christus, der uns von Gott gemacht ist... zur Heiligung...« Immer wenn Paulus von Heiligung spricht, meint er ein Geschenk, nie den Versuch Christus nachzuahmen. Die Nachahmung ist in einem anderen Zusammenhang wichtig. Weder von Paulus noch sonstwo in der Bibel wird gesagt, dem neu geborenen Christen würde Christus als Vorbild vor Augen gestellt und nun müsse er selbst mit Hilfe der göttlichen Kraft Vollkommenheit entwickeln. Das kann nicht sein! Mit Heiligung ist Christus selbst gemeint, der in uns gestaltet wird — kein Leben nach seinem Vorbild, sondern er selbst. Jesus Christus ist in jeder Hinsicht vollkommen und das »Geheimnis der Heiligung« ist, dass Gott in Jesus Christus nicht den ersten Impuls zum Gutwerden, sondern die Vollkommenheit Christi selbst in uns legt. Wenn wir in dieses Geheimnis eingeweiht sind, steht uns die ganze Vollkommenheit Jesu Christi zur Verfügung. Das ist so überwältigend schön und die Freude daran geht so tief, dass es kein Mensch beschreiben kann, und es ist nur natürlich, dass die Menschen diese Vollkommenheit wahrnehmen, wenn sie da ist, denn sie wirkt sich in allen Bereichen aus.

Das Geheimnis der Gemeinschaft

... und wir werden zu ihm kommen und Wohnung bei ihm nehmen (Joh 14, 23).

Das »Gold«, das Jesus uns in seinen Worten anbietet, wird von den Aposteln in den Briefen »zu Münzen geprägt«. Jesus stellt fest, dass die Beziehung zwischen dem Vater und dem Sohn den Christen mit einschließen soll. Da soll nichts zwischen ihnen sein? Solange der Christ nicht ungehorsam ist, kann gar nichts zwischen sie kommen, es ist dann kein Platz da. Wenn der Christ glaubt und als Tatsache erkennt, dass Jesus samt seinem ganzen Wesen ihm gehört, dann wird ihm damit das Leben, der Glaube, die vollkommene Güte Jesu selbst zuteil.

Wie war die Beziehung zwischen dem Herrn Jesus und seinem Vater, solange er auf der Erde war? »Ich weiß, dass du mich allezeit hörst« (Joh 11, 42). »...ich tue allezeit, was ihm gefällt« (Joh 8, 29). Das ist nicht nur ein Vorbild für uns, sondern unendlich viel mehr. Es bedeutet, dass genau diese Gemeinschaft uns mit der Heiligung geschenkt wird. Jesus sagt: »An jenem Tage werdet ihr bitten in meinem Namen. Und ich sage euch nicht, dass ich den Vater für euch bitten will; denn er selbst, der Vater, hat euch lieb...« (Joh 16, 26+27). An welchem Tag? Dann, wenn wir in diese Beziehung der Einheit mit dem Vater aufgenommen werden und die ganze Vollkommenheit Jesu uns zugeeignet wird, so dass wir mit Paulus sagen können: »Ich lebe, doch nun nicht ich, sondern Christus lebt in mir« (Gal 2, 20).

Wenn du dir sehnsüchtig wünschst mit Gott übereinzustimmen: Stell dir vor, wie das wäre, heute Abend hier wegzugehen und zu wissen: Diese Gemeinsamkeit ist für mich da und ich kann sie ruhig in Anspruch nehmen, wenn Gott mir neues Leben geschenkt hat. Jesus hat mir seine ganze Vollkommenheit freiwillig geschenkt, ich kann sie praktisch auskosten!

Die mystische Vereinigung

Ich bin der Weinstock, ihr seid die Reben (Joh 15, 5).

*Wer aber dem Herrn anhängt, der ist **ein** Geist mit ihm (1. Kor 6, 17).*

Immer wieder versucht das Neue Testament darzustellen, wie umfassend diese Einheit ist. Den »Eingeweihten«, die das neue Leben leben, vermittelt der Heilige Geist, dass

Heiligung etwas ganz Wunderbares ist. Gott schenkt uns die Vollkommenheit Jesu, sie gehört uns! Gott gibt uns nicht nur die Kraft ihn nachzuahmen, er gibt uns sich selbst!

Das bedeutet Heiligung für uns. Wenn du meinst, das könne nicht wahr sein: Weißt du, worauf das hinausläuft? Auf Glauben — wir nennen das heute Vertrauen. Wenn uns der Heilige Geist neues Leben gegeben hat, dann ist in unseren Gedanken nicht mehr der geringste Zweifel an Jesus Christus; dann vertrauen wir ihm absolut. Aber gehen wir noch weiter: Können wir zulassen, dass Gottes Geist uns klarmacht, was Heiligung ist, und uns dahin führt, sie zu erleben? Wenn wir das vertrauensvoll tun, werden wir merken, dass es nicht mühsam ist, »Acht zu geben auf unseren Weg« (s. Spr 14, 8), sondern dass »die Wege der Weisheit liebliche Wege und alle ihre Steige Frieden sind« (s. Spr. 3, 17).

Das Geheimnis der Menschwerdung

Darum wird auch das Heilige, das geboren wird, Gottes Sohn genannt werden (Lk 1, 35).

Drei große Themen bleiben uns unverständlich: die Dreieinigkeit Gottes in Vater, Sohn und Heiligem Geist, die Tatsache, dass Jesus Christus zugleich Mensch und Gott war, und das Thema, das uns hier beschäftigt: dass ich, ein egozentrischer Mensch, in ein Ebenbild Jesu Christi verwandelt werden kann, weil er mich in eine heile Beziehung zu Gott gebracht hat.

Hast du schon einmal darauf geachtet, wie der Geist Gottes in den Schriften von Paulus den Tod Jesu und seine praktischen Folgen für uns erklärt? Zum Beispiel: »So sind wir ja mit ihm begraben durch die Taufe in den Tod, damit, wie Christus auferweckt ist von den Toten durch die Herrlichkeit des Vaters, auch wir in einem neuen Leben wandeln« (Röm 6, 4). Das heißt, dass wir alles, was im Neuen Testament über den Tod Jesu und seine Bedeutung gesagt wird, wirklich erleben können. Wir können so mit Jesus in seinem Tod eins werden, dass wir nur noch die Dinge bewusst wahrnehmen, die auch ihm bewusst waren. Jesus Christus gibt uns nicht die Kraft, den »alten Menschen« in uns zu töten; nein, »wir wissen ja, dass unser alter Mensch mit ihm gekreuzigt ist« (Röm 6, 6). Wir können in seinem Tod mit ihm vereinigt sein und wissen, dass das stimmt. Wir sind nicht nur in einen Zustand der Unschuld zurückversetzt worden, sondern durch die Einheit mit Jesus in seinem Tod sind wir von allen Spuren und Einflüssen der Sünde ganz frei geworden.

Gott entzieht uns nie die Möglichkeit, etwas Falsches zu tun; das können wir jederzeit, wenn wir es wollen. Beachte aber den ersten Johannesbrief 2, 1: »Und *wenn* jemand sündigt ...« Johannes meint offenbar, dass es nicht oft vorkommt, dass ein Christ Böses tut. Wir heute betrachten es anscheinend als eine Seltenheit, dass ein Mensch ganz offen für Gott bleibt! »Und er hat uns mit auferweckt und mit eingesetzt im Himmel ...« (Eph 2, 6) — wie Jesus Christus? Nein; »in Christus Jesus«. Derselbe Geist, der Jesus in seinem Leben geleitet hat, leitet jetzt uns. Wie ist das gekommen? Röm 8, 10: »Wenn aber Christus in euch ist, so ist der Leib zwar tot um der

Sünde willen, der Geist aber ist Leben um der Gerechtigkeit willen.« Johannes der Täufer sagt von Jesus: »...der wird euch mit dem Heiligen Geist und mit Feuer taufen« (Mt 3, 11). Gottes Geist, der dieses übernatürliche Leben in Christus entfaltet hat, als er Mensch war, »tauft uns« in dasselbe Leben hinein, nicht in ein gleiches oder ähnliches Leben, sondern in das Leben Jesu selbst, und damit schenkt er uns die Vollkommenheit Jesu. Es ist keine Vollkommenheit, die wir mit seiner Hilfe entwickeln; sie ist sein Wesen und er zeigt es anderen durch uns, wenn wir in ihm bleiben. Daher kommt es, dass wir manchmal erleben, dass jemand schon im Anfangsstadium seines Christenlebens unglaubliche Güte und Geduld entfaltet. Allen Eigenschaften, die im Leben Jesu sichtbar waren, hat der Heilige Geist Gestalt gegeben, und Christus hat nach seiner Auferstehung uns mit ihm erfüllt. So wird die Vollkommenheit Jesu durch die Taufe mit dem Heiligen Geist zu unserer Vollkommenheit. Wir werden nicht in die Lage versetzt Jesus nachzuahmen; der Heilige Geist nimmt uns in das Wesen Jesu selbst hinein.

Ist es dein größter Wunsch, das Wesen Jesu zu haben? Vertraust du ihm so, dass du dieses Gebet als Kind an den Vater richten kannst: »Vater, im Namen Jesu bitte ich dich: Taufe mich mit dem Heiligen Geist und mit Feuer, so dass ich ganz dir gehöre und dein Wesen mein Wesen wird.«

2

Das Evangelium von der Gnade Gottes

Mir, dem allergeringsten unter allen Heiligen, ist die Gnade gegeben worden, den Heiden zu verkündigen den unausforschlichen Reichtum Christi (Eph 3, 8).

... denen Gott kundtun wollte, was der herrliche Reichtum dieses Geheimnisses unter den Heiden ist, nämlich Christus in euch, die Hoffnung der Herrlichkeit (Kol 1, 27).

Das »Geheimnis der Heiligung« ist, dass uns die Vollkommenheit Christi mitgeteilt wird, nicht allmählich, sondern auf einmal, sobald wir die Tatsache erkennen und akzeptieren, dass Christus »uns zur Heiligung gemacht« ist. Heiligung bedeutet nicht weniger, als dass sichtbar wird, dass Christus uns seine Vollkommenheit schenkt, und das Mittel, durch das wir diese unbegreifliche Tatsache praktisch anwenden können, ist der Glaube. Eigentlich sind es zwei »Mittel«: das Evangelium, durch das wir erfahren, was Gott da tut, und der Glaube, durch den die Freiheit und Kraft und Wundermacht des Wesens Jesu sich in uns ausprägen kann.

Der Glaube

Wissen wir etwas über dieses geheimnisvolle Einswerden, durch das uns der unausforschliche Reichtum Christi mitgeteilt wird? Wenn wir neues Leben vom Heiligen Geist haben, dann haben wir das tiefe innere Bedürfnis so vollkommen zu sein wie Jesus Christus, und genau wie wir den Schritt zu unserer Rettung aus Glauben gegangen sind, so gehen wir auch den nächsten Schritt aus Glauben. Wir werden gebeten, aufgefordert, ja es wird uns befohlen das »Geheimnis der Gnade Gottes« zu glauben, und das ist »Christus in euch, die Hoffnung der Herrlichkeit«. Der einzige und unbeschreiblich kostbare Schlüssel zu einem Leben in Gottes Nähe ist nicht Jesus nachzuahmen, sondern zuzulassen, dass die Vollkommenheit Jesu in uns als natürlichen Menschen sichtbar wird. Glauben wir das? Glauben wir es mit dem gleichen einfachen, selbstverständlichen Vertrauen, mit dem wir Jesus zugetraut haben uns zu retten? Um es zu glauben, muss man es zuerst hören. »Wie sollen sie aber an den glauben, von dem sie nichts gehört haben?« (Röm 10, 14) Hören wir es? Haben wir schon einmal innerlich auf diese ungeheuerliche Aussage geachtet: »Christus in euch«? Kommt sie bei uns an? Wenn wir geistliches Leben haben, dann trifft sie uns, dann hören wir sie gespannter, leidenschaftlicher, sehnsüchtiger als alles andere, was uns jemand sagen kann. Gott fordert uns auf zu glauben, dass wir mit Jesus so eins werden können, wie er eins mit Gott ist, und dass dann seine Geduld, seine Vollkommenheit, sein aufrichtiges und sanftes Wesen, sein intensives Gebetsleben uns gehören. Der Weg, auf dem der Glaube uns erreicht und das alles wahr wird, geht über das

Hören. Erst hören wir, dann fassen wir Vertrauen. Das ist so einfach, dass die meisten es verfehlen. Aber es gilt in seiner weit reichenden Konsequenz genau wie in den ersten Anfängen: Um an das »Evangelium von der Gnade Gottes« zu glauben, müssen wir darauf hören. Wie viele von uns konzentrieren sich innerlich auf dieses Evangelium?

Unsere Vorstellung vom Glauben kann leicht dazu führen, dass wir Falsches darüber sagen, und das kommt oft vor. Man betrachtet Glauben als die geistige Bereitschaft einer Aussage zuzustimmen, weil der, der sie macht, zuverlässig ist. Wir sagen, wir glauben an Jesus, weil er diese Dinge sagt. Im Neuen Testament ist Glaube unendlich viel mehr: Er zeigt nicht nur, dass wir die Lehre verstehen, sondern durch ihn wird unsere Heiligung erst wirksam, durch ihn kann Gottes Leben in uns kommen. In Römer 3, 24 + 25 spricht Paulus vom Glauben an das Blut Jesu — *nicht an Worte* — und dieser Glaube ist das Mittel, das der Heilige Geist gebraucht. Glaube ist mehr als eine bestimmte Art zu denken und zu handeln; Glaube ist völliges, leidenschaftliches, grundehrliches Sichverlassen auf die Tatsache, dass Gott uns in sein Leben und Wesen aufnimmt, wie es sich im Leben, Sterben und der Auferstehung des Herrn Jesus Christus ausdrückt.

Selbstverständliches Vertrauen auf Jesus

Manche von uns haben nie zugelassen, dass Gott ihnen zeigt, dass wir ohne Jesus Christus wirklich gar keine Chance haben. Was mich dazu gebracht hat das Evangelium so weiterzugeben, wie Paulus es versteht, ist meine Erfahrung, wie der Teufel mich angreift und wie ich selbst auf diese Angriffe reagiere. Die unvorstellbare Bosheit in mir selbst hat mich immer mehr dazu getrieben zu lehren, dass nur Jesus Christus, sein Opfer und sein vollkommen gutes Wesen Abhilfe schaffen kann. Jeder, der vom Heiligen Geist neues Leben bekommen hat, weiß, dass es nichts wirklich Gutes gibt außer Jesus Christus. Es ist zwecklos, durch Gehorsam oder Gebet Christus ähnlich werden zu wollen; das Wesen Christi können wir nur direkt von Gott bekommen, vermittelt durch Glauben — keinen halbherzigen, sondern einen ganz ehrlichen, intensiven persönlichen Glauben.

Heiligung, das ist »Christus in euch«. Kann jemand von seiner eigenen Heiligung irgendetwas berichten, was nicht auf Jesus Christus zutrifft? Er nimmt uns in Besitz und er gibt uns sein vollkommenes Wesen. Solange wir noch denken, wir könnten es durch Gehorsam oder durch ein bestimmtes Verhalten bekommen, liegen wir falsch. Wir müssen auf das eine zurückkommen, auf Glauben und nichts anderes, und wenn Gott uns dann in die heile Beziehung zu sich selbst aufgenommen hat, entsteht auch das neue Leben nur aus dem Glauben heraus. Wer dieses Leben in Einheit mit Gott kennt, der weiß, was es bedeutet: Gott hat entschieden, uns die Vollkommenheit Jesu zu schenken. Wir können sie uns nicht verdienen und nicht durch Beten erzwingen, aber, Gott sei Dank, wir können sie uns einfach zu Eigen machen, weil wir ihm glauben, dass sein Versöhnungsopfer gültig und wirksam ist.

Wenn unsere Beziehung zu Gott heil geworden ist, dann ist es sehr wichtig, dass unser Glaube sich als echt bewährt (s. 1. Petr 1, 7). Dann versucht der Teufel sich einzumischen und den Christen davon abzubringen, dass die Einheit mit Gott nur durch den Glauben an diesen besteht. Er bietet uns den »großen Überblick« an und sagt: »Das brauchst du und das musst du tun.« Der Heilige Geist lenkt uns jedoch stetig in eine bestimmte Richtung: an Jesus glauben und diesen Glauben halten, bis die Vollkommenheit Jesu in uns noch einmal praktisch gelebt wird.

Einheit mit Jesus

Gott sagt, dass er uns geben will, »was dein Herz wünscht« (Ps 37, 4). Was wünschen wir uns mehr als alles andere? Wenn wir durch den Heiligen Geist neu geworden sind, beherrscht uns der eine dringende Wunsch: mit Gott eins zu sein, ganz eins wie Jesus, und diesen Wunsch will er erfüllen.

»Wer mein Fleisch isst und mein Blut trinkt, der hat das ewige Leben« (Joh 6, 54). Wie wir Nahrung in unseren Körper aufnehmen und verwerten, so, sagt Jesus, müssen wir ihn in unseren Geist aufnehmen. Glaube ist nicht das Betrachten von Essen und Getränken, die auf dem Tisch stehen; Glaube ist Essen und Trinken. Allzu viele sagen: »Ja, ich glaube, dass der Herr Jesus mich retten wird.« Wenn wir glauben, dass Jesus uns retten wird, dann sind wir schon gerettet und wissen es auch. Wenn der Heilige Geist uns klarmacht, dass Jesus Wirklichkeit ist, dann ist das alles so natürlich wie das Atmen, weil er da ist. Seine Gegenwart ist die Wirklichkeit.

Was tut man, um sich ein Geschenk zu verdienen? Nichts; man nimmt es nur dankend an. Wenn wir noch der Meinung sind, wir könnten es verdienen, nehmen wir es nie als Geschenk; nur wenn wir ganz sicher sind, dass wir kein Recht darauf haben, nehmen wir es an. Wir kommen zu Gott in dem Bewusstsein, dass wir es überhaupt nicht wert sind, denn wir wissen, »dass in mir, das heißt in meinem Fleisch, nichts Gutes wohnt« (Röm 7, 18). Das ist das Evangelium. Wir nehmen es für uns, indem wir es glauben; und der Heilige Geist macht aus diesem einfachen Glaubensakt ein göttliches Wunder. Wer nie erlebt hat, wie Gott handelt, für den klingt es töricht und absurd; wer ihn jedoch kennt, für den ist es faszinierende Wirklichkeit. Sobald wir das Instrument des Glaubens vorbehaltlos einsetzen, gibt uns der Heilige Geist die Vollkommenheit Jesu Christi mit allem, was darin eingeschlossen ist, und nur auf dieser Basis leben wir wirklich. Gehorsam ist das Mittel, mit dem wir zeigen können, wie dringend unser Wunsch ist, zu tun, was Gott will. Aber das vollkommene Ausgerichtetsein auf Gott erhalten wir als Geschenk; erst dann fangen wir an das Wesen Jesu Christi in unserem natürlichen Leben zu entfalten.

Wenn du diese Erfahrung der Heiligung noch nicht gemacht hast, stell dir das vor: Die ganze Vollkommenheit Jesu Christi gehört dir! Er lässt durch dich seine Liebe, seine ungetrübte Vollkommenheit sichtbar werden! »Ich lebe, doch nun nicht ich, sondern Christus lebt in mir« (Gal 2, 20). Damit ist nicht die Kraft gemeint, so zu leben wie Jesus, es ist Christus selbst, der in uns lebt, und es ist sein Wesen, das an uns sichtbar wird, aber es zeigt sich nur, solange wir an diesem Glauben festhalten und in Einheit mit ihm leben.

Was sagt Paulus? »Meine lieben Kinder, die ich abermals unter Wehen gebäre, bis Christus in euch Gestalt gewinne!« (Gal 4, 19) und: »Denn wir sind sein Werk, geschaffen in Christus Jesus zu guten Werken...« (Eph 2, 10). Wie viele von uns können Gott in selbstverständlichem Vertrauen anschauen, sich ganz auf das verlassen, was er uns über seine Gnade sagt, und sagen: »Herr, lass die Heilung in mir so greifbar werden, wie du sie uns in deinem Wort zeigst«? Wollen wir, dass er das tut? Dann müssen wir alles andere hinter uns lassen und ihm vertrauen. Durch sein übernatürliches Leben schafft Jesus Christus uns neu, bis wir »in ihm« »eine neue Kreatur« sind und »das alles von Gott« (s. 2. Kor 5, 17+18). Dieses Leben ist für uns so natürlich, wie es das alte war, und es prägt nicht nur unser Bewusstsein, es geht unendlich viel tiefer; jeden Augenblick leben wir aus dem Glauben, dass wir Gottes Söhne und Töchter sind, und nur selten wird es uns bewusst. Wenn wir in eine Krise geraten, zögern wir einen Augenblick lang und fragen uns, wie wir mit der Schwierigkeit fertig werden sollen – und dann sehen wir, dass die Vollkommenheit Jesu Christi, die er uns gegeben hat, damit fertig wird. So ordnet sich unser Leben, von Gottes Kraft aufrechterhalten, und wird langsam aber sicher so gut und vernünftig, wie wir es uns nie vorstellen konnten. Das meint Paulus, wenn er sagt: »...dass er verherrlicht werde bei seinen Heiligen und wunderbar erscheine bei allen Gläubigen« (2. Thess 1, 10 – in der engl. Übersetzung steht: in seinen Heiligen und *in* allen Gläubigen – A. d. Ü.).

Zweifelst du, ob es wahr ist, was Gott von seiner Gnade sagt? Nein, sagst du, gar nicht. Dann verlass dich einfach mutig auf Gott und sage: »Mein Gott, schenk mir die Heiligung, von der das Neue Testament berichtet; schenk mir den ›unausforschlichen Reichtum‹ Jesu Christi, so dass ich eins mit ihm werde« — so sehr eins, dass du nie bewusst daran denkst, anders leben zu wollen. Dann wirst du in allen Lebenslagen finden, dass die Vollkommenheit Jesu Christi — hinter dir steht? Nein, in dir ist! Darum ist es dem Apostel Johannes so wichtig, dass wir »im Licht wandeln« (1. Joh 1, 7)!

3

Was zu oft unbeachtet bleibt

Darum: Ist jemand in Christus, so ist er eine neue Kreatur; das Alte ist vergangen, siehe, Neues ist geworden. Aber das alles von Gott, der uns mit sich selber versöhnt hat durch Christus und uns das Amt gegeben, das die Versöhnung predigt (2. Kor 5, 17+18).

Ich möchte hier aus der Sicht der neuen Kreatur in Christus ein paar Dinge über Heiligung sagen, die wir oft nicht wahrnehmen.

Wie wir gesehen haben, ist Heiligung nicht nur eine neue Einstellung, die Gott uns gäbe und uns dann Jesus Christus als Beispiel vor Augen stellte und sagte: »Tu dein Bestes, dann helfe ich dir«, sondern mit der Heiligung gibt Gott uns die Vollkommenheit Jesu Christi. Mit dieser Vollkommenheit meinen wir nicht seine Eigenschaften als Sohn Gottes. Was wir bekommen, das ist der vollkommen gute Charakter, den Jesus hatte, kein Lebensprinzip, mit dem wir ihn nachahmen könnten, sondern sein vollkommenes Wesen, wie es sich in ihm ausprägte.

Schöpfung durch Christus

Denn in ihm ist alles geschaffen, was im Himmel und auf Erden ist, das Sichtbare und das Unsichtbare, es seien Throne oder Herrschaften oder Mächte oder Gewalten; es ist alles durch ihn und zu ihm geschaffen (Kol 1, 16).

Und dem Engel der Gemeinde in Laodizea schreibe: Das sagt, der Amen heißt, der treue und wahrhaftige Zeuge, der Anfang der Schöpfung Gottes (Offb 3, 14).

Dies sind nur zwei aus einer ganzen Reihe von Bibelversen, die zeigen, dass der allmächtige Gott die Welt und alles Geschaffene durch seinen Sohn geschaffen hat, der ewig lebt. Manche sagen, Offenbarung 3, 14 bedeute, der Sohn sei das Erste gewesen, was Gott geschaffen hat. Das sagt die Bibel nicht. Die Bibel sagt: »Und er ist vor allem, und es besteht alles in ihm« (Kol 1, 17). Auf folgende Weise ist Jesus Christus in die Welt gekommen: Gottes Geist berief Maria, also einen Teil der Schöpfung, deren Schöpfer der Sohn Gottes selbst war, und durch sie gab er Gottes Sohn seine menschliche Gestalt – »darum wird auch das Heilige, das geboren wird, Gottes Sohn genannt werden« (Lk 1, 35). Das war der letzte große Schöpfungsakt Gottes. Gottes Sohn ist der, den wir als Jesus Christus kennen. Im Leben Jesu ist beispielhaft verwirklicht, wie der Mensch nach Gottes Wunsch sein soll, und er ist auch das Vorbild für die Heiligung.

Schöpfung in Christus

Alle Dinge sind durch dasselbe gemacht, und ohne dasselbe ist nichts gemacht. Was geworden ist — in ihm war das Leben, und das Leben war das Licht der Menschen (Joh 1, 3+4 Anm.)

Durch die Schöpfung sind wir Gottes Kinder, aber Gottes erwachsene Söhne und Töchter sind wir nicht durch die Schöpfung; erst Jesus Christus macht uns zu Söhnen und Töchtern Gottes durch das neue Leben (Joh 1, 12). Dass Jesus auch Vater ist, wird in der Bibel zwar selten erwähnt, aber es wird gesagt. Der Name »Ewig-Vater« (Jes 9, 5) bezeichnet den, den wir als den Sohn Gottes kennen, und in seiner Rede an die Athener sagt Paulus: »Wir sind seines Geschlechts« (Apg 17, 28). Aber die Schöpferkraft Jesu äußert sich hier noch erstaunlicher als bei der Erschaffung der Welt durch ihn: Er hat in sich selbst die Fähigkeit, sein eigenes Ebenbild zu schaffen. Die Welt und alles Geschaffene hat Gott durch den Sohn gemacht und »was geworden ist — in ihm war das Leben«. So kann der Sohn, genau wie Gott die Welt durch ihn erschaffen hat, in jedem Menschen sein eigenes Ebenbild erschaffen. Haben wir schon einmal bedacht, dass Jesus die Wunderkraft hat, sein eigenes Ebenbild in uns zu schaffen? »Darum: Ist jemand in Christus, so ist er eine neue Kreatur« (2. Kor 5, 17). Wir erkennen meist nicht klar genug, wie erstaunlich das ist. Diejenigen, die erlebt haben, dass Gott ihnen neues Leben gibt, nehmen sich viel zu wenig Zeit, um zu beten, nachzuforschen und Gott zu bewundern, darum kann sein Geist uns das nicht nachdrücklich genug klarmachen.

»Wahrlich, wahrlich, ich sage euch: Wer glaubt, der hat das ewige Leben« (Joh 6, 47). Dasselbe Leben, das Jesus hatte, ist das Leben jedes Menschen, der an ihn glaubt, denn Jesus schafft es in ihm. Dieses Leben kann nur Jesus geben und niemand sonst und wir können es nicht durch Gehorsam oder Gebet, Selbstverpflichtung oder Opfer bekommen. »Wundere dich nicht, dass ich dir gesagt habe: Ihr müsst von neuem geboren werden« (Joh 3, 7). Wir müssen das Ebenbild Gottes in uns tragen und dieses Bild schafft Jesus in uns, denn er ist Gott. Die umfassendste und schönste Bedeutung des neuen Lebens und der Heiligung ist die, dass wir in Christus zu neuen Geschöpfen gemacht werden können. Heiligung ist nicht nur, dass wir neu anfangen können, auch nicht dass Gott unsere Vergangenheit auslöscht und für vergeben erklärt, sondern etwas unvorstellbar viel Größeres, nämlich dass Jesus Christus die Macht hat, in uns das Ebenbild Gottes zu schaffen, wie es in ihm selbst war. Paulus sagt: »Meine lieben Kinder, die ich abermals unter Wehen gebäre« — Geist, Seele und Leib sind schmerzhaft angespannt — »bis Christus in euch Gestalt gewinne!« (Gal 4, 19) »Ich fürchte«, schreibt er, »dass ... eure Gedanken abgewendet werden von der Einfalt und Lauterkeit gegenüber Christus« (2. Kor 11, 3). »Seht zu, dass euch niemand einfange durch Philosophie ...« (Kol 2, 8). Dieses Thema hat uns schon im Zusammenhang mit dem Glauben beschäftigt: Wir müssen Jesus Christus in vollem Vertrauen aufnehmen und ihm den Freiraum lassen, in uns zu arbeiten.

Schöpfung in Christus bedeutet, dass Jesus Christus uns nach seinem Ebenbild neu schaffen kann — nicht einfach nur neu schaffen, denn was wir in Jesus Christus bekommen, das hat Adam nie gehabt. Adam wurde als »Kind Gottes« geschaffen, als ein unschuldiges Wesen, dem alle Entwicklungsmöglichkeiten offen standen; Gott wollte, dass er eine Entwicklung in Form einer Reihe von moralischen Entscheidungen durchliefe, in denen sein natürliches Wesen Gottes Willen unterworfen und in ein geistliches verwandelt werden sollte. Adam ist das nicht gelungen. Jesus Christus schafft in uns nicht das, was in Adam war, sondern das, was er selbst war und ist: »Christus Jesus, der uns von Gott gemacht ist ... zur Heiligung ...« (1. Kor 1, 30). Das ist in dem wunderbaren alten Kirchenlied gemeint:

Christi Blut und Gerechtigkeit,
das ist mein Schmuck und Ehrenkleid.

Schöpfung wie Christus

... denn wie er ist, so sind auch wir in dieser Welt (1. Joh 4, 17).

Gottes Kinder sollten diesen Vers mit großer Hochachtung betrachten. Er kann nur eines bedeuten, nämlich dass der vollkommen gute Charakter, der Jesus Christus kennzeichnet, durch seine souveräne schöpferische Entscheidung uns gehört. Heiligung bedeutet, dass wir in eine Gemeinschaft ganz eigener Art aufgenommen werden, die man mit Worten nicht beschreiben kann (vgl. 1. Joh 3, 2). Die Vollkommenheit Jesu Christi wird uns geschenkt, das ist nichts, das wir durch Gebet, Gehorsam und Diziplin erkämpfen müssen, sondern etwas, das Jesus Christus in uns schafft. Ist es da verwunderlich, dass Jesus Christus im Neuen Testament als Herrscher verehrt wird? Ist es nicht natürlich, wenn Jesus sagt, der Heilige Geist werde ihn »verherrlichen«? Darum heißt diese Predigt: Was zu oft unbeachtet bleibt.

Weil wir durch Christus Gott gehören, haben wir die Möglichkeit seine Söhne und Töchter zu sein, aber wir sind nur wirklich seine Söhne und Töchter, wenn wir das wollen. Wollen wir nicht Jesus nachahmen, und uns ganz Gott ausliefern, bis sein Anspruch in uns verwirklicht ist? Paulus sagt: »... denn Gott ermahnt durch uns; so bitten wir nun an Christi Statt: Lasst euch versöhnen mit Gott!« (2. Kor 5, 20). Wenn wir innerlich ganz auf Anbetung eingestellt sind, ist es nicht schwer, in sprachlosem Staunen zu erkennen, welches Recht Gott auf uns hat, aber es ist etwas anderes Gott zu sagen, dass wir wollen, dass er dieses Eigentumsrecht in uns ausübt. »Mein Gott, ich bin dein Geschöpf, ich gehöre Jesus Christus durch die Versöhnung und ich will, dass du dein Eigentum in Besitz nimmst.«

»Ist jemand in Christus ...« — jemand, das sind wir, unbedeutende Menschen. Jesus ist nie für Individualismus eingetreten, aber für den Wert des Individuums, und das ist etwas ganz anderes. Meint Paulus etwa, dass ich, ein normaler Mensch ohne besondere Bildung, mit einer normalen Arbeit unter anderen normalen Menschen, in Jesus Christus neu geschaffen werden kann? Ja, das meint er, denn »jemand«, das kann jeder sein, auch du. Bist du bereit solch ein »Jemand« zu sein, ein gewöhnlicher Mensch aus der Masse, und dich von Gott in Besitz nehmen zu lassen? Du bist ein Teil von Gottes Schöpfung;

lass also Jesus Christus dieses Stückchen Schöpfung — dich — gut und heil machen.

Jesus Christus macht uns nicht zu ungewöhnlichen Charakteren, sondern zu Nachbildungen seiner selbst; folglich, sagt der Heilige Geist, werden Menschen, die uns begegnen, nicht sagen: »Ein wundervoller, außergewöhnlicher Charakter, ein Original!« Das wäre Unsinn. Nein, sie werden sagen: »Wie unvorstellbar groß muss Gott sein, wenn er solche unbedarften Menschen in ein Ebenbild Jesu Christi verwandelt!« »... was auch die Engel begehren zu schauen« (1. Petr 1, 12). Uns ist heute zu selbstverständlich, was Gott sagt, wir erkennen nicht mehr die Ungeheuerlichkeit, es verschlägt uns nicht mehr die Sprache wie Paulus. Stelle dir doch einmal vor, was Heiligung ist: Christus in mir! Ein Geschöpf, das wie Christus ist! Wie er ist, so sind wir!

Vergehendes Leben

Das Alte ist vergangen ...

Mit dem »Alten« meint Paulus nicht nur die Sünde und den »alten Menschen«, sondern unser ganzes natürliches Leben, wie es vor unserer Neuschöpfung durch Christus war. Das bedeutet viel mehr, als manche meinen. »Das Alte« ist nicht nur Falsches — jeder Trottel würde seine Fehler los werden, wenn er könnte — sondern auch Richtiges. Wenn du das Leben Jesu betrachtest, verstehst du, was Paulus meint. Jesus führte ein natürliches Leben wie wir, Essen war keine Sünde für ihn; aber wenn er in den 40 Tagen in der Wüste gegessen hätte, wäre es Sünde gewesen, denn in dieser Zeit wollte Gott etwas anderes von ihm und er verzichtete auf seine natürlichen Bedürfnisse, um Gottes Willen zu tun. So vergeht das »Alte«.

Im zweiten Korintherbrief verdeutlicht das Paulus an dem Leuchten, das von Moses Gesicht ausging. Sein Gesicht leuchtete wirklich, aber es war eine »Herrlichkeit, die aufhört« (3, 13); und der Schreiber des Hebräerbriefes erwähnt einen Bund, der »seinem Ende nahe« ist (8, 13). Das natürliche menschliche Leben ist von Gott geschaffen, aber es soll verschwinden und in ein geistliches Leben übergehen, wie es Jesus Christus geführt hat. So sagt Paulus im Römerbrief: »Ihr aber seid nicht fleischlich, sondern geistlich ...« (8, 9). Paulus schreibt nicht an körperlose Geister, sondern an Menschen aus Fleisch und Blut und er meint, dass die alte Rangordnung nicht mehr gilt. Früher haben die Korinther die Dinge unabhängig von Christus beurteilt; dann, nachdem sie sich Christus zugewandt haben (wenn das für dich nicht gilt, gebe Gott, dass du es tust!), ist »die Decke abgetan«; »wo aber der Geist des Herrn ist, da ist Freiheit« (2. Kor 3, 17).

Verwandeltes Leben

Etwas ganz Neues hat begonnen (2. Kor 5, 17 GN).

Hast du, wenn du mit Jesus lebst, die Gewohnheit eingeübt, dir im Alltag ständig bewusst zu sein, dass »das Alte ... vergangen« ist und »etwas ganz Neues ... begonnen« hat? Manche, die es erlebt haben, sagen es so: »Gott macht, dass andere Dinge wichtig werden als früher. Es war mir immer wichtig, was bestimmte Leute denken, und jetzt ist es mir ganz gleichgültig.« »Das Alte« ist vergangen, nicht nur die Sünde und unser altes Wesen, sondern wir sehen jetzt alles anders, »etwas ganz Neues hat begonnen«.

Paulus versucht uns in Erstaunen zu versetzen: »... eine neue Kreatur!« Manche reden von der Heiligung wie von einem neuen Buch oder einem Zeitungsartikel. Paulus kam aus dem Staunen und der Bewunderung nie heraus; ganz gleich, wie oft er davon sprach, jedes Mal war er noch beeindruckter als das Mal davor.

Diese unbegreifliche Entwicklung, die wir Heiligung nennen, ist ein direktes Handeln unseres liebevollen Gottes. Willst du so leben, wie Gott es will, damit er sie in dir verwirklichen kann? Dann lass das Alte auch wirklich vergangen sein, und wenn wieder Situationen eintreten, die uns zum Selbstmitleid verleiten können, dann denke daran, dass das Alte vergangen ist. Sind wir denn bereit, uns nie von Dingen beeinflussen zu lassen, die auch Jesus Christus nicht beeinflusst haben? Sobald wir uns dazu entschließen, merken wir, dass es möglich ist, weil Jesus Christus uns durch die Neuschöpfung seine Vollkommenheit gegeben hat. Hat Paulus nicht Recht, wenn er vom »unausforschlichen Reichtum Christi« spricht (Eph 3, 8)? Kein Wunder, dass das Staunen über diese Erkenntnis in seinen Reden immer wieder durchbricht, so dass Nichtchristen ihn für töricht halten. *Wie oft* wird Johannes als Greis dargestellt, der in seinem senilen Zustand die vage Idee äußerte, man könnte ohne Sünde leben! Wer so redet, der hat dieses überwältigende Erlebnis der Heiligung nie kennen gelernt. Aber, Gott sei Dank, kann es jeder erleben!

Leben, das sich als echt erweist

Aber das alles von Gott (2. Kor 5, 18).

»So folgt nun ...« guten Grundsätzen? Einem tadellosen Lebenswandel? Dem Vorbild, das Jesus uns gegeben hat? Nein! »So folgt nun Gottes Beispiel« (Eph 5, 1). »Darum sollt ihr vollkommen sein, wie euer Vater im Himmel vollkommen ist« (Mt 5, 48). Durch die Heiligung schafft Gott uns neu nach dem Ebenbild seines Sohnes. Willst du in diesem Licht leben? Suche keine Ausreden, weiche nicht aus, nicht nach rechts und nicht nach links. Konzentriere dich in deinem Leben auf dieses wunderbare Geschenk, das Gott dir gibt, und bleibe dabei: »Jesus Christus, der uns von Gott gemacht ist zur ... Heiligung« (1. Kor 1, 30).

4

Im Himmel

... und er hat uns mit auferweckt und mit eingesetzt im Himmel in Christus Jesus (Eph 2, 6).

Mit der Heiligung wird uns die Vollkommenheit Jesu Christi gegeben. In und durch jeden Christen, der sich davon leiten lässt, werden seine Geduld und Liebe, sein göttliches Wesen, sein selbstloser, vertrauensvoller Gehorsam und seine Verbundenheit mit Gott sichtbar. Die Vorstellung, Gott gäbe uns mit der Heiligung seinen Geist, hielte uns dann Jesus Christus vor und sagte: »Das ist dein Vorbild, richte dich danach, dann helfe ich dir, aber du musst dein Bestes tun, dich so zu verhalten wie er« – diese Vorstellung ist falsch. Sie hält der Wirklichkeit nicht stand und, Gott sei Dank, sie entspricht auch nicht der überwältigenden biblischen Botschaft von der Gnade Gottes. Das Geheimnis der Heiligung ist »Christus in euch, die Hoffnung der Herrlichkeit« (Kol 1, 27). »Was geworden ist – in ihm war das Leben« (Joh 1, 3 + 4 Anm.), das bedeutet, Jesus Christus kann in uns das Ebenbild Gottes schaffen, wie es in ihm selbst war.

Gottes unparteiische Macht

Und er hat uns mit auferweckt.

Wer sind »wir«, die er auferweckt hat? Wir haben schon gesehen, wer »jemand« ist, und das muss deutlich gesagt werden, denn man hört so oft Leute sagen: »Das gilt nicht für mich, ich bin nicht edel und wahrhaftig; meine Vergangenheit ist eher unrühmlich; ich habe nicht die Chancen gehabt, die andere bekommen haben; Gott kann unmöglich meinen, er könnte mich auferwecken, auch wenn er noch so gnädig ist.« Doch, er kann, und genau diese Menschen meint er. Gott nimmt Kontakt auf zu den Allergewöhnlichsten, den Allerschwächsten, zu den »Kindern des Ungehorsams« und »Kindern des Zorns« (Eph 2,2+3); gerade sie erweckt er auf. An dieser Stelle betont Paulus stärker als sonst, wie unparteiisch Gott ist: Er schreibt an Heiden und sagt ihnen, dass Gott auf Grund der Versöhnung durch Jesus Christus keinen Unterschied zwischen Juden und Heiden macht, wenn es um die persönliche Rettung geht. Gott sei Dank, dass er so unparteiisch handelt!

Jeder Mensch, ganz gleich wer, kann an dieser wunderbaren Auferweckung teilhaben, durch die Gott uns in das übernatürliche Leben seines Sohnes aufnimmt und uns die Eigenschaften Jesu Christi selbst zueignet — auch wir. »Im Himmel« können wir uneingeschränkt *in seinen Charakter hinein* wachsen: der Kopf, das Herz, die natürlichen Beziehungen, der Geist — alles, was zu uns gehört, hat reichlich Gelegenheit in die Erkenntnis hinein zu wachsen, was für ein bewundernswertes Wesen unser Herr Jesus Christus ist.

»Auch uns ... mit Christus lebendig gemacht« (Eph 2, 5): Paulus stellt es so dar: Wie Gott den toten Körper Jesu auferweckt hat, so hat er auch die Menschen, die »tot waren durch ihre Übertretungen und Sünden« (s. Eph. 2, 1), mit Christus zusammen zum Leben erweckt. Damit haben wir jetzt Anteil an der ganzen unvorstellbaren Vollkommenheit Jesu Christi, und am Ende »werden wir ihm gleich sein; denn wir werden ihn sehen, wie er ist« (1. Joh 3, 2).

Die unverletzliche Wohnung Gottes

Im Himmel in Christus Jesus.

Da hat Gott uns eingesetzt. Wir können nicht da hinaufsteigen, alles Bemühen und Kämpfen nützen nichts; nur Gott hebt uns aus Sünde, Unfähigkeit und Schwäche, aus Begehrlichkeiten und Ungehorsam, Wut und Egoismus — hebt uns aus all dem heraus in das unvorstellbar klare Licht des Himmels, wo Jesus Christus schon lebte, als er noch auf der Erde war, und wo er heute noch in seiner ganzen Machtfülle lebt. Gebe Gott, dass wir nie das Gefühl dafür verlieren, wie unbegreiflich und schön das ist, und Paulus sagt, dass Gott uns jetzt da einsetzen kann und dass dieser wunderbare Zustand, in Jesus Christus einen Platz im Himmel zu haben, an uns sichtbar werden soll, während wir noch auf der Erde leben.

»Und hat uns mit eingesetzt.« Eingesetzt? Im Himmel? Aber ich muss doch hier arbeiten und Geld verdienen! Ich lebe mitten im Trubel der Großstadt! Ich habe einen Auftrag zu erfüllen und außerdem persönliche

Wünsche! Paulus sagt, dass Gott uns auferweckt und in Jesus Christus im Himmel eingesetzt hat. Wir dürfen nicht vergessen, dass »im Himmel« *nicht* »*weit weg*« *bedeutet*. Es schließt all das ein, was Jesus Christus war, als er auf der Erde war, und zugleich alles, was die Bibel über sein jetziges Leben aussagt; und Gott hat uns auferweckt, damit wir mit ihm zusammen da sein können. Er gibt uns reichlich Zeit und Gelegenheit, da hinein zu wachsen.

Symbole des Himmels

Ist dir schon einmal aufgefallen, was für Bilder Gott den Christen zeigt? Das sind sehr oft Bilder aus der Schöpfung, nicht aus der menschlichen Gesellschaft. Gott spricht von den Sternen in ihren immer gleichen Bahnen und davon, dass er das »Würmlein Jakob« beschützt (Jes 41, 14). Er spricht von den Wundern der Schöpfung und lässt uns die Hast und Geschäftigkeit vergessen, die die menschliche Gesellschaft bestimmen. Gottes Geist sagt: »Lass dich davon nicht prägen; der Gott, der dich hält, ist derselbe, der die Welt gemacht hat. Orientiere dich an ihm« (siehe. z. B. Röm 12, 2). Wenn wir »eingesetzt sind im Himmel in Christus Jesus«, dann zeigt sich der Heilige Geist in dir und mir in der wunderbaren Tatsache, dass wir im Anschauen des Schöpfers erkennen, dass das wundermächtige Wesen, das die Welt erschaffen hat und durch die Macht seines Wortes im Gleichgewicht hält, dasselbe ist, das uns in allen Lagen bewahrt.

Jesus hat Bilder aus der Schöpfung seines Vaters gebraucht. Wenn wir das geistliche Leben darstellen wollen, neigen wir dazu, die Strategien der Gesellschaft oder die Energie eines Geschäftsmannes zu beobachten und diese Methoden auf die Arbeit Gottes anzuwenden. Jesus Christus lehrt uns von den Dingen, die niemand beachtet, für uns selbst zu lernen: »Schaut die Lilien ... an« (Mt 6, 28), »seht die Vögel unter dem Himmel« (26). Wie oft schauen wir den Wolken nach oder Wiesen, Spatzen oder Blumen an? Wir haben keine Zeit dazu, wir werden getrieben — es »bringt nichts«, dazusitzen und von Spatzen, Bäumen und Wolken zu träumen! Gott sei Dank, wenn er uns im Himmel einsetzt, dann lässt er in uns dieselbe Denkweise sichtbar werden, die Jesus Christus hatte: ohne Hast, aber auch ohne Müßiggang, stetig, ruhig und stark.

Sicherheit des Himmels

Meinen Frieden gebe ich euch (Joh 14, 27).

... euer Leben ist verborgen mit Christus in Gott (Kol 3, 3).

Diese Verse kennen wir. Aber hat uns Gott schon einmal gezeigt, wie faszinierend sie wirklich sind, wenn man sie auf uns anwendet, die wir mit ihm leben? Dann gehen wir ganz in Liebe, Bewunderung und Lob auf. »Meinen Frieden gebe ich euch.« Wir reden vom Frieden Jesu, aber ist uns schon einmal bewusst geworden, wie dieser Friede ist? Lies einmal seine Lebensgeschichte: dreißig Jahre stille Unterordnung in Nazareth, dann drei Jahre öffentliche Arbeit. Verleumdung und Widerstand, Angriffe und Hass hat er ertragen, viel schlimmer, als wir es je erleben werden, aber sein Friede war nicht gestört, er war unverletzbar. Das ist der Friede, den Gott im Himmel in uns sichtbar machen will — nicht ein ähnlicher Friede, sondern dieser Friede selbst. In der täglichen Eile, in unserer Erwerbsarbeit, in allen Situationen des natürlichen Lebens: »meinen Frieden«. Der unerschütterliche, unverletzliche Friede Jesu wird uns in jeder Lebenslage gegeben. »Euer Leben ist verborgen mit Christus in Gott.« Lassen wir es zu, dass diese unbegreifliche Tatsache uns ganz durchdringt und gefangen nimmt, bis wir erkennen, wie viel Platz da für uns zum Wachsen ist? »Die heiligen Wohnungen des Höchsten« (Ps 46, 5) bieten einen vollkommen sicheren Schutz.

Je mehr wir im Lauf der Zeit vom Handeln Gottes erleben, um so tiefer wird unsere Bewunderung für diesen Frieden Jesu. Wir sehen mit Gott verbundene Christen »in Trübsalen, in Nöten, in Ängsten«, schreibt Paulus (2. Kor 6, 4), mitten in Hetze, Aufregung, Schwierigkeiten und Trauer, aber der Friede Jesu ist da und sichtbar und das geistliche Leben wächst wie die »Lilien auf dem Feld« (Mt 6, 28). Tolstoj hat den Fehler gemacht, die Lehren Jesu auf Menschen anzuwenden, die kein neues Leben vom Heiligen Geist haben; das Ergebnis war, dass sie sie unmöglich praktizieren konnten. Aber wenn wir das neue Leben haben, wenn Gott uns auferweckt, lebendig gemacht hat, dann können wir die Lilien auf dem Feld anschauen, denn wir haben nicht irgendeinen Frieden von Gott, sondern den Frieden, der Jesus Christus selbst auszeichnete; wir sind »eingesetzt im Himmel in Christus Jesus«, vollkommen sicher, unser Denken ganz von Christus eingenommen. »Denn ihr seid gestorben«, sagt Paulus in Kol 3, 3; das bedeutet, die alte Denkweise, die alte Sicht der Dinge, die alte Aufgeregtheit sind gestorben und wir sind in Christus ganz neue Geschöpfe. In diesen Geschöpfen zeigt sich derselbe Friede, der in Christus zu erkennen war.

Kraft des Himmels

... mit allem geistlichen Segen im Himmel durch Christus (Eph 1, 3)

... den unausforschlichen Reichtum Christi (Eph 3, 8)

Gott aber kann machen, dass alle Gnade unter euch reichlich sei (2. Kor 9, 8).

Diese Verse bedeuten, dass die unbegrenzte allmächtige Kraft Gottes sich in und durch uns zeigen wird, wenn wir im Himmel eingesetzt worden sind, genau wie sie sich in und durch Jesus gezeigt hat. Gewöhne dir an zu sagen: »Herr Jesus, zeige jetzt in mir, dass du dieser Sache gewachsen bist.« Sage nicht: »Herr, zeige mir, was ich tun soll.« Lass ihn handeln, dann wird das Richtige getan. Es ist seine Vollkommenheit, nicht unsere: seine Geduld, seine Liebe, sein ungetrübt gutes Wesen, seine Kraft — »aller geistliche Segen durch Christus«. Wir sind oft so blind. Wer an Christus glaubt, ist in Gefahr, mit dem Ehrfurchtgebietenden allzu vertraut umzugehen. Wir reden so viel von dieser unbegreiflichen Wirklichkeit und vergessen, dass wir sie in unserem Leben sichtbar machen sollen. Man kann die Darlegung der Wahrheit leicht für die Wahrheit selbst halten; dann glaubt man, weil man das alles richtig darstellen kann, praktizierte man es auch. Paulus' Warnung gilt auch für uns:« ... damit ich nicht anderen predige und selbst verwerflich werde« (1. Kor 9, 27).

Was man im Himmel sieht

Selig sind, die reinen Herzens sind (Mt 5, 8).

Was heißt »reinen Herzens«? Es heißt: so, wie der Sohn Gottes war und ist, nicht mehr und nicht weniger — ganz von Gottes Willen bestimmt. Wenn Gott uns im Himmel einsetzt, gibt er uns dieses Ausgerichtetsein auf ihn, das Jesus Christus hat. Das bedeutet ein Leben mit Gott: Jesu unerschütterlich tiefer Friede, seine nie ermüdende, unbesiegbare Kraft und die kristallklare, durch nichts getrübte Einheit seines ganzen Wesens mit Gott. Im Himmel gibt es reichlich Platz, in die unergründlich tiefe Einheit Christi mit dem Vater hinein zu wachsen.

»Selig sind, die reinen Herzens sind; denn sie werden Gott schauen.« Als Gottes Sohn »barfuß auf dieser Erde ging, mit Menschenhand den wahren Glauben schuf«, da verstand er die Pläne, die Gott ihm zeigte, weil sein Herz rein war: bedingungslos Gottes Willen untergeordnet. Zu einem Christen, dem er dies geschenkt hat, sagt Gott: »Steig herauf, ich will dir zeigen ...« (Offb 4, 1). Jesus warnt uns Christen vor der Angst, von anderen verachtet zu werden, wenn wir geistliche Dinge erkannt haben. Wer »im Himmel« ist, der sieht in Handlungen, die anderen unverständlich oder arrogant erscheinen, Gottes Pläne. Aber wenn wir eigene Ziele verfolgen, können wir nicht eine einzige Sekunde »im Himmel« bleiben. Jesus hat nie eigene Ziele verfolgt; er hat sich nie von irdischem Denken oder Verhalten anstecken lassen. Was bedeutet das: »irdisches Denken«? Das bezeichnet nicht, was mit unserem Körper passiert, sondern was wir uns innerlich am meisten wünschen. Was ist unser größter Wunsch? Jesus dachte nicht irdisch; sein größter Wunsch war, dass Gott geehrt wird, und Heilung bedeutet, dass dieser selbe Wunsch auch in uns gelegt wird. Das Wunder des »reinen Herzens« ist, dass dieser Wunsch in uns so tief und wahrhaftig ist wie in Jesus Christus. Heilung heißt Einswerden mit ihm: nicht, dass uns eine ähnliche Ausrichtung auf Gott geschenkt wird, wie sie Jesus Christus hatte, sondern seine Einstellung wird in uns gelegt. Jesus war außerordentlich feinfühlig für alles, was Gott angeht, und er sagt: »... alles, was ich von meinem Vater gehört habe, habe ich euch kundgetan« (Joh 15, 15). Sein Vater hat ihm alles sehr deutlich gezeigt.

Wer so mit Gott lebt, erkennt mit wachsendem Erstaunen das, was wir nur ungenügend in Worte fassen können: All das gehört uns, wenn wir bereit sind, uns von Gott in Besitz nehmen zu lassen. »Alles ist euer, ihr aber seid Christi, Christus aber ist Gottes« (1. Kor 3, 22+23).

»In Jesus Christus sein«, das heißt, dass wir in den Stand von Söhnen und Töchtern aufgenommen sind. Weißt du, wie Gott mit seinen Söhnen und Töchtern spricht? »Im Himmel« sagt er ihnen ganz leise, was er entschlossen ist zu tun, und das Ergebnis ist, dass seine Söhne und Töchter nie in Panik verfallen. Gottes Sohn wusste im Voraus, was geschehen würde, und wenn wir mit unseren Gedanken in der Einheit mit Gott bleiben, die er uns schenkt, ganz auf ihn ausgerichtet, dann finden wir, dass uns nichts überraschen und erschrecken kann. Gott lässt das nicht zu; er erhält uns den vollkommenen Frieden, wenn er uns ganz persönlich seine geheimen Pläne zeigt. Immer wenn wir vom Weg abkommen, erfasst uns die Angst, wenn wir vergessen »zu wachsen in allen Stücken zu ihm hin« (s. Eph 4, 15), wenn wir das Bewusstsein kindlicher Unfähigkeit verlieren, das nicht im Traum daran denkt, wir könnten die Dinge auch ohne den Geist Gottes so sehen wie Jesus. »... und nehmen gefangen alles Denken in den Gehorsam gegen Christus« (2. Kor 10, 5). Der Herr Jesus hat nie versucht Gottes Geheimnisse selbst herauszufinden, und das soll ein Christ auch nicht. Manche haben schon versucht Gott seine Geheimnisse zu entreißen. Das hat Jesus nie getan und der Heilige Geist leitet uns nicht dazu an. Gott hat sein Wissen immer von sich aus seinem Sohn geschenkt. Wie viele von uns lassen es zu, dass Gott uns auf diese Weise zeigt, was er vorhat, und wie viele müssen irgendwann beschämt feststellen, dass sie versucht haben es auf andere Art herauszufinden? Wenn wir »im Himmel eingesetzt« sind, *spricht Gott selbst zu uns und* das ganze Leben ist voll unbeschreiblicher Freude und Schönheit.

Eins müssen wir beachten: Wir müssen dieses Leben da schützen, wo der Heilige Geist uns Gefahren zeigt, und die erste Gefahr ist unkontrollierte Neugier. Vergiss nicht, was Jesus über sich selbst und den Heiligen Geist sagt: »... dass ich ... nichts von mir selber tue, sondern wie mich der Vater gelehrt hat, so rede ich« (Joh 8, 28). »... der Geist der Wahrheit ... wird nicht aus sich selber reden; sondern was er hören wird, das wird er reden...« (16, 13). Wenn wir stetig auf Gott ausgerichtet sind und immer klarer sehen, wie vollkommen gut und wie uneingeschränkt stark und mächtig Christus ist, dann erleben wir, wie dieses Merkmal auch in uns ausgeprägt wird: Da ist kein geistiger oder seelischer Eigensinn mehr, sondern völlige Unterordnung unter Jesus Christus, genau wie er sich dem Vater untergeordnet hat. Dasselbe gilt für unseren Willen: Wie Jesus seinen Willen dem des Vaters untergeordnet hat, so dass er sagen konnte: »... ich suche nicht meinen Willen, sondern den Willen dessen, der mich gesandt hat« (Joh 5, 30), so ist es auch bei uns, wenn wir »im Himmel eingesetzt« sind.

Immer wenn wir das Interesse verlieren, wenn wir geneigt sind die Richtung zu ändern, begegnet uns Gott als verzehrendes Feuer. Dann hält er uns so fest, dass es wehtut; vielleicht schreien wir, er solle uns loslassen, aber er lässt uns nicht los. Gott liebt uns zu sehr, um uns loszulassen, er brennt so lange, bis nichts mehr da ist als eine grundehrliche Ausrichtung auf ihn, das Wesen Jesu — außer wenn wir entscheiden, zur Gegenseite überzulaufen, so dass er uns nicht mehr gebrauchen kann. Wir schreien dann, Gott solle aufhören: »Wenn er mich nur in Ruhe ließe!« Er hört nicht auf. Seine Liebe ist so leidenschaftlich, so konsequent, dass er die Menschen nie in Ruhe lässt, und bei seinen Kindern bringt er alles ins Wanken, was nachgeben kann, bis nichts Unsicheres mehr da ist. Auch dann ist da noch sein verzehrendes Feuer; das bleibt, bis wir »verklärt werden in sein Bild von einer Herrlichkeit zur andern« und bis die Menschen an uns eine große, unverwechselbare Ähnlichkeit mit Jesus sehen.

5

Das Erbteil der Heiligen

Mit Freuden sagt Dank dem Vater, der euch tüchtig gemacht hat zu dem Erbteil der Heiligen im Licht (Kol 1, 12).

Heiligung bedeutet, dass uns und durch uns auch anderen Jesus Christus gegeben wird: seine Geduld, sein ehrlicher Gehorsam, seine Vollkommenheit. Sie bedeutet nicht, dass Jesus Christus uns fähig machte ihn nachzuahmen, auch nicht dass Gottes Kraft in uns ist und wir nun unser Bestes tun, versagen und es wieder versuchen, sondern die Eigenschaften Jesu selbst zeigen sich in unserem natürlichen Leben.

Wir haben das Licht

Erbteil der Heiligen im Licht.

Immer wieder bezeichnet die Bibel Gott, Jesus Christus und den Heiligen Geist, aber auch die Christen als Licht. Durch die Heiligung stellt Gott uns in das Licht, in dem er lebt, dasselbe Licht, in dem der Herr Jesus sein Leben führte. »Und das Leben war das Licht der Menschen« (Joh 1, 4). Unser Erbteil im Licht bedeutet, dass in unserem natürlichen Leben das Leben des Herrn Jesus Christus sichtbar wird. Das »Licht«, das ist all das, was man an ihm sehen konnte: ein Leben ganz nahe bei Gott, voll Verständnis für ihn und für die Menschen.

»Wer mir nachfolgt, der wird nicht wandeln in der Finsternis, sondern wird das Licht des Lebens haben« (Joh 8, 12). Wenn du bei Nacht über ein Moor gehst, dann weißt du, dass ein Weg da ist, aber oft ist es so dunkel, dass du ihn nicht sehen kannst; dann kommt der Mond hinter den Wolken hervor und du siehst den Weg als deutlichen weißen Streifen, der gerade über den Berg führt. Nach kurzer Zeit ist es schon wieder dunkel, aber jetzt hast du den Weg gesehen und weißt, wohin du gehen musst. Es gibt Zeiten, da empfinden wir unser Leben genauso: Wir wissen zwar, dass der Weg da ist, aber wir sehen ihn nicht; dann wird es heller und wir sehen ihn, und wenn es dann wieder dunkel wird, können wir ermutigt weitergehen. Manchmal ist es ein Licht wie Mondlicht oder Dämmerung, aber es kann uns auch erschrecken wie ein Blitzschlag, wenn wir ganz plötzlich sehen, wohin wir gehen sollen. »Glaubt an das Licht, solange ihr's habt, damit ihr Kinder des Lichtes werdet« (Joh 12, 36). Haben wir bisher an das Licht geglaubt, das wir gesehen haben? Erinnern wir uns an eine Zeit, als uns das Licht Gottes im Gesicht Jesu heller war als alles andere, als wir ganz klar sahen und genau verstanden, was Gott wollte? Haben wir an dieses Licht geglaubt und uns nach ihm gerichtet? Können wir heute Abend sagen: »Daher ... war ich der himmlischen Erscheinung nicht ungehorsam« (Apg 26, 19)? Allzu viele von uns sehen zwar das Licht und auch den Weg über das Moor; in einem plötzlichen blitzartigen Lichtschein zeigt ihnen Gott, welchen Weg sie gehen müssen, aber sie gehen ihn dann nicht. Dann sagen sie: »Doch, ich habe den Heiligen Geist bekommen; ich dachte, das wäre so und so, aber es war gar nicht so.« Der Grund ist, dass sie nicht an das Licht geglaubt haben, als es da war. Sie sagen: »Ich bin Christ, ich bin vom Heiligen Geist neu geboren worden; ich weiß, dass Heiligung bedeutet, dass die Eigenschaften Jesu in mir sichtbar werden; gerade vor zwei Wochen hatte ich eine wunderbare Zeit der Gemeinschaft mit Christus, ganz nah bei ihm; da habe ich den Weg so klar gesehen, ich wusste genau, was ich in meiner Situation tun sollte, aber ich habe es nicht geschafft.« »Glaubt an das Licht, solange ihr's habt« – dann werden wir mit der Zeit ganz sicher herausfinden, dass es wahr ist, was Jesus gesagt hat: »Wer mir nachfolgt, der wird nicht wandeln in der Finsternis, sondern wird das Licht des Lebens haben« (Joh 8, 12).

Wenn wir in Jesus Christus unseren Platz im Himmel eingenommen haben, dann hat das Licht für uns geleuchtet und dann passiert etwas Erstaunliches: Wenn wir anfangen das zu tun, was wir tun sollen, weil Gott es so will, dann befähigt er uns nicht es zu tun. Dann lässt er seine ganze Macht durch uns arbeiten und die Sache wird auf seine Weise ausgeführt. Gott sei Dank für jeden Menschen, der dieses Licht gesehen hat, der verstanden hat, wie Jesus Christus die Dunkelheit verschwinden lässt und Licht bringt, indem er sein eigenes Wesen durch uns sichtbar macht. Hast du dem Licht geglaubt, als es da war? Ist jemand hier, der vielleicht vor einem Jahr oder vorige Woche das Licht gesehen und klar erkannt hat, was Gott wollte? Hast du dem Licht gehorcht? Wenn du nein sagen musst, dann sage es ihm und danke ihm, dass es noch eine Möglichkeit gibt; und wenn du dem Licht gehorcht hast und weitergegangen bist, dann bitte Gott, dir zu bestätigen, dass der Weg richtig ist, damit du das »Erbteil der Heiligen im Licht« bekommst.

Es ist bemerkenswert am Leben Jesu, dass ihm immer klar war, dass Gott Recht hat. Ich frage mich, ob das bei uns auch so ist. Natürlich ist uns vieles unklar und unverständlich, aber sind wir sicher, dass unser Vater es weiß und versteht? Haben wir Jesus Christus erlaubt sich so in uns auszuprägen, dass wir wissen, dass der Vater alles gut macht? Wenn wir in schwer erträgliche Lagen kommen wie Krieg oder ein persönliches Unglück, das im Wesentlichen uns selbst betrifft, das uns wehtut und in Schwierigkeiten bringt und vollkommen sinnlos erscheint, uns die Freiheit nimmt und keinen Ausweg erkennen lässt, dann besteht die Gefahr, dass wir fragen: »Warum muss das mir passieren? Warum muss ich so Schreckliches erleben?« Aber wenn wir daran denken, dass wir das Licht haben, dann nimmt der Sohn Gottes, der den Vater ganz versteht, uns völlig in Besitz und wir sehen innerlich genauso, wie Jesus Christus gesehen hat. Das ist das Wunder der Heiligung. Vor jeder neuen Erfahrung, jedem neuen Einblick in Gottes Wahrheit liegt ein Stück Dunkelheit, in der wir diese göttliche Entscheidung treffen müssen: Will ich Gottes Sohn in dieser Sache Gelegenheit geben sich in meinem natürlichen Leben zu zeigen und will ich das Licht, das Gott mir gegeben hat, in Besitz nehmen? Wenn ja, dann fangen wir an die Dinge aus der Sicht Jesu Christi zu sehen.

Teilhaber am Licht

Dieses »Erbteil der Heiligen« ist anders als ein irdisches Erbe. Wenn wir ein irdisches Erbe bekommen, wird es zu unserem persönlichen Besitz, den niemand anders haben kann, und es kann sogar sein, dass wir dadurch, dass wir es bekommen, jemand anderen ärmer machen. Das Großartige am Erbe der Heiligen im Licht ist dies: Wenn wir unser Erbteil in Besitz nehmen, haben andere einen Nutzen davon, aber wenn wir uns weigern, es anzunehmen, dann enthalten wir dadurch auch anderen seine Schönheit und Besonderheit vor.

Noch etwas ist ungewöhnlich an diesem Licht, das wir besitzen: Mein Teil am Licht ist ganz anders als deiner. Jeder von uns besitzt eine ganz bestimmte Art Licht, die niemand anders so hat, und wenn wir unseren Besitz nicht annehmen wollen, können andere darunter leiden. Jeder Christ besitzt eine besondere persönliche Form des Lichts, und wenn er das nicht in vollem Vertrauen in Anspruch nimmt, schadet er anderen. Das Problem ist, dass wir so oft einen Anteil haben wollen, der uns gar nicht angemessen ist; das zeigt, wie leicht wir von dem Licht, das in Christus ist, abgelenkt werden. Der Heilige Geist gibt jedem sein besonderes Licht, so wie Gottes vollkommene Weisheit es bestimmt. Nicht Gott, sondern der Teufel gibt Menschen ein, jeder müsste genauso sein wie sie selbst. Wenn wir unseren Anteil am Licht annehmen und Gottes Sohn in unserem eigenen Umfeld durch uns sichtbar wird, dann ist das eine unglaubliche Wohltat für alle Menschen um uns herum. Ob Apostel und Lehrer glaubwürdig sind, erkennt man nicht daran, ob sie wunderbar predigen oder die Bibel erklären können, sondern ob sie die christliche Gemeinde aufbauen (s. Eph 4, 12). Kein Mensch lebt in ungetrübter Einheit mit Gott, ohne dass andere Christen einen Nutzen davon haben. Sind wir »der himmlischen Erscheinung gehorsam« gewesen (s. Apg 26, 19) oder wollten wir immer nur wie andere sein? Wenn der Teufel uns als ein Engel des Lichts erscheint, dann ist eine der größten Gefahren, dass er versucht den Christen zu überzeugen, er müsse das hergeben, was Gott ihm zugedacht und gegeben hat, und etwas nehmen, was einem anderen gehört. Wenn jemand eine besondere Begabung hat, über Gottes Wahrheit zu sprechen, dann versucht der Teufel ihn zu überzeugen, Gott wolle gar nicht, dass er von Jesus Christus und seinen Taten spricht, sondern es sei seine Aufgabe, ein stilles und zurückgezogenes Leben mit Gott zu führen. Denke immer daran, dass die kleinste Abweichung der Augen oder des Herzens von Christus oder ein kleiner Ungehorsam gegen das Licht, wenn es uns leuchtet, einen langen Umweg mit viel Leiden und Anstrengung bedeutet. Gott sei Dank, dass er seine Kinder auch dann nicht in Ruhe lässt; es kostet viel Angst und Unannehmlichkeiten, aber er holt sie immer zurück.

Ich frage mich, ob wir alle erkannt haben, dass wir in Jesus Christus Licht besitzen – in unserem Umfeld, bei unserer Arbeit, in unseren Familien oder wo immer es ist. Haben wir deutlich gemerkt, was Gottes Wille für uns ist, und haben wir es getan? Wenn wir anfangen Gott zu gehorchen und die Richtung einschlagen, die er angibt, dann wird die Vollkommenheit des Sohnes Gottes ganz sicher so hell durch uns strahlen, dass wir gar nicht daran denken, das uns selbst zuzuschreiben. Schon ein Schritt in die Richtung, die Gott uns in seinem Licht zeigt, führt dazu, dass Gottes Sohn sich in unserem natürlichen Leben zeigt; das ist so sicher wie die Herrschaft Gottes. Wenn Gottes Licht uns einmal durch Jesus Christus begegnet ist, dann dürfen wir nicht zögern, dann müssen wir gehorchen — und dann werden wir »nicht in der Finsternis wandeln, sondern das Licht des Lebens haben« (s. Joh 8, 12).

»... denn wie er ist, so sind auch wir« (1. Joh 4, 17). Ein Christ, der in Einheit mit Gott lebt, hat große Familienähnlichkeit mit Jesus Christus; an ihm sieht man, wie Christus ist: seine Geduld und Liebe, seine Vollkommenheit. Langsam aber sicher lernen wir, was ewiges Leben bedeutet: nämlich Gott kennen.

Immer wenn wir etwas von Gott erkennen, macht uns das unbeschreibliche Freude, auch wenn es nur ganz wenig ist. Was sagt Jesus zu seinen Jüngern? »... damit meine Freude in euch bleibe« (Joh 15, 11). Was war die Freude Jesu? Dass er den Vater verstand. Gibt es auch bei uns etwas, wo wir Gott verstehen? Wenn ja, dann wissen wir etwas von der Freude, die Jesus hatte. Diese Freude ist eine Kostbarkeit, sie ist das eigentliche Kennzeichen Jesu. Wenn wir nur das kleinste Stückchen Wahrheit über Gott begreifen, dann erfüllt es unser ganzes Wesen mit Liebe; und alles, was jetzt noch dunkel und unverständlich ist, wird eines Tages ganz klar sein, so herrlich und strahlend klar wie das Stückchen, das wir gesehen haben. Kein Wunder, dass Gott uns zur Geduld rät. Ganz allmählich wird alles ans Licht kommen, bis wir es so gut verstehen wie Jesus Christus. Wir werden die ganze Ewigkeit brauchen, um Gott wirklich zu verstehen, und Gott sei Dank, wir können hier schon damit anfangen. Das heißt Heiligung: anfangen Gott zu verstehen und das Wesen seines Sohnes in unserem natürlichen Leben sichtbar werden lassen.

Wenn wir den Heiligen Geist noch nicht haben und er uns noch nicht für sich eingenommen hat, dann nimmt uns die Oberfläche der Dinge meist ganz in Anspruch, wir hängen daran und halten sie für die eigentliche Wirklichkeit; erst allmählich verliert sie für uns an Bedeutung, enttäuscht uns und zerfällt zu Asche. Wenn Gott uns am Licht teilhaben lässt, verbindet er uns mit der Wirklichkeit hinter den sichtbaren Dingen und dann bleiben wir ihm absolut treu.

Licht in uns

… nun aber seid ihr Licht in dem Herrn. Lebt als Kinder des Lichts (Eph 5, 8).

Im Reich des Lichts verschenkt man, was man hat. Daran kann man es immer erkennen. Wenn wir anderen schildern wollen, wie schön die Gemeinschaft mit Gott ist, aber selbst nicht in engem Kontakt mit ihm sind, dann überfordern wir die Vorstellungskraft der Zuhörer. In seinem Gedicht »Der Jünger« beschreibt George MacDonald, wie enttäuschend und deprimierend es für einen Jungen war zu hören, dass Christen wie Säulen im Tempel Gottes sind:

> Straightway my heart is like a clod,
> My spirit wrapt in doubt: —
> A pillar in the house of God,
> And never more go out!

> Da wird mein Herz so kalt und stumpf
> und Zweifel fängt mich ein:
> Wie eine Säule fest gefügt
> und nie mehr draußen sein!

Das kommt immer dabei heraus, wenn wir versuchen ein Stück Wahrheit von Gott zu erklären, ohne selbst das Licht zu haben, ohne unser Erbteil zu besitzen.

Wenn wir etwas von diesem Licht besitzen, dann ist es so, als ob Gottes Sohn einen Schleier wegnähme, und wir sehen, wie Gott die Dinge geschaffen hat. Er lenkt unseren Blick auf die Sterne und sagt: »Siehst du sie? Dein Vater im Himmel kennt jeden einzelnen«, und dann ergreift uns etwas, was man nicht mit Worten beschreiben kann, und das bedeutet: Gott ist so sehr Licht, dass er uns bis in die kleinste Einzelheit kennt. Ein anderes Mal zeigt er uns den Bau eines Gänseblümchens und sagt: »Das hat Gott sich vorgestellt, als er ein Gänseblümchen schuf«, und mit der Zeit gestaltet uns Gottes Geist genauso, wie wir nach seiner Vorstellung sein sollen.

Durch die Heiligung werden wir in Gottes Willen hineingenommen. Wir müssen nicht fragen, was Gott will, wir sind Bestandteil seines Willens, und wenn wir »im Licht bleiben, wie er im Licht ist« (s. 1. Joh 1, 7), dann folgen der natürliche Lebensablauf und die eigenen Entscheidungen einer Gesetzmäßigkeit; wenn wir eine falsche Entscheidung treffen wollen, warnt uns der Heilige Geist. Sobald wir die kleinste innere Hemmung wahrnehmen, müssen wir einhalten; dann finden wir, dass Jesus Christus mit seiner Vollkommenheit jeder Notlage begegnet.

Haben wir verstanden, was das für unser Beten heißt: »... durch das Blut Jesu die Freiheit haben zum Eingang in das Heiligtum« (Hebr 10, 19)? Es heißt, dass wir so mit Gott sprechen können wie Jesus Christus, aber nur, weil er unsere Schuld bezahlt hat. Wir dürfen uns nicht erlauben zu denken, Gott hörte uns, weil wir gehorsam gewesen sind, weil wir es so nötig brauchen oder weil wir uns danach sehnen. Es gibt nur einen Weg in das »Heiligtum«, nämlich durch das Blut Jesu. Dass wir am Licht teilhaben, das bedeutet, dass wir in die Gemeinschaft aufgenommen sind, die Jesus meinte, als er sagte: »Er selbst, der Vater, hat euch lieb« (Joh 16, 27).

Wenn Gott uns das »Erbteil der Heiligen im Licht« zuspricht, dann fangen wir an zu verstehen, dass man Heiliges und Weltliches nicht trennen kann. Wenn Gottes Sohn sich in unserem natürlichen Leben zeigt, dann ist alles in dieses eine, herrliche Leben mit Gott eingeschlossen. Paulus sagt es so: »Als es aber Gott wohlgefiel ..., dass er seinen Sohn offenbare in mir ...« (Gal 1, 15+16). Wenn du in deinem Geschäft, in deinem Büro oder bei deiner Familie bist, mache dir das klar: »Gottes Sohn in mir offenbart!« Das ist Heiligung.

Dein Platz im Licht

... und hat uns versetzt in das Reich seines lieben Sohnes (Kol 1, 13).

So wie der allmächtige Gott die Sterne an ihrem Platz hält, sagt der Apostel, so hebt der Vater durch seine große Macht die Christen in das Licht, in dem er mit dem

Sohn lebt, und gibt ihnen da für ewige Zeiten ihren Platz wie den Sternen. Haben wir schon einmal zugelassen, dass Gottes Licht unsere Vorstellungskraft weckt? Gott ist Licht und er hebt uns hinauf zu sich selbst, gleich wer wir sind, und gibt uns einen so sicheren Platz, wie ihn die Sterne haben, in demselben Licht, in dem er wohnt. Er setzt uns in den Stand, dieses wunderbare Erbteil zu bekommen, und langsam aber sicher wird das Leben des Sohnes Gottes in unserem natürlichen Leben erkennbar. Was lässt sich dazu noch sagen außer: »Mit Freuden sagt Dank dem Vater« (12)?

Jesus Christus hat nie von seinem Selbstbestimmungsrecht gesprochen und hat auch nie aus seinem Selbstbestimmungsrecht heraus gedacht; das bedeutet, er ist in Gedanken oder Worten nie von seinem körperlichen Zustand oder von seiner jeweiligen Situation ausgegangen. Wir gehen immer von unserem Selbstbestimmungsrecht aus, von unserem Gesundheitszustand oder unserem persönlichen Besitz; das ist der natürliche Ausgangspunkt unserer Überlegungen. Von diesen Dingen ist der Sohn Gottes nie ausgegangen; der Ausgangspunkt seines Denkens und Sprechens war immer der Vater, das heißt, er sprach aus, was Gott in seinem Licht denkt. Wenn wir mit Gott eins geworden sind, macht uns der Heilige Geist fähig, das auch zu tun. Wenn wir mit Gott gehen, sehen wir die Dinge ganz anders als früher: mit den Augen Jesu Christi.

Wenn wir nachts mit Gott in der großen Stille unter dem Sternenhimmel allein sind, dann ist es so leicht und so schön mit Gott zu reden; aber wenn es Morgen wird, handeln wir dann im Licht dieses Gesprächs mit Gott? Erlauben wir Gottes Sohn, sich in unserem Verhalten und unseren Gesprächen zu zeigen, oder vergessen wir es und fangen von uns aus an zu arbeiten? Müssen wir dann am Ende des Tages sagen: »Herr, es tut mir Leid, ich habe einen großen Fehler gemacht; ich habe vergessen dir Platz zu machen, damit du sichtbar werden kannst«?

Vergiss nicht, dass Gott uns in das Licht heben will, in dem er selbst ist, und dass uns alles, was jetzt rätselhaft ist, eines Tages so klar sein wird wie ihm selbst. Denke einmal an alles, was dir jetzt unklar ist. Jesus sagt: »Es ist nichts verborgen, was nicht offenbar wird« (Mt 10, 26). Die Dinge sind uns unklar und beunruhigen uns, weil wir nicht in der Lage sind sie zu verstehen. Aber Gott sei Dank für alles, was wir verstehen, für jedes bisschen Wahrheit, denn seine Wahrheit ist so voll Licht und Freiheit und Schönheit, dass sie uns mit Freude erfüllt. Je länger wir in diesem Licht gehen, je mehr wir Gottes Sohn Raum geben, sich jeder Situation mit seinen Möglichkeiten und seiner mächtigen Gegenwart gewachsen zu zeigen, umso mehr verstehen wir von der Erkenntnis, »die alle Erkenntnis übertrifft« (Eph 3, 19).

Wie viele von uns wissen überhaupt von diesem biblischen Geheimnis der Heiligung? Lassen wir zu, dass das Leben, die wunderbare Freiheit und Macht der Vollkommenheit Jesu Christi in uns gestaltet wird? Wissen wir, was das heißt: eine neue Kreatur in Christus zu sein (s. 2. Kor 5, 17)? Haben wir zugelassen, dass Gott uns in Jesus Christus im Himmel einsetzt (s. Eph 2, 6), und lernen wir »im Licht wandeln, wie er im Licht ist« (1. Joh 1, 7)?

Denn das ist der Wille Gottes, eure Heiligung (1. Thess 4, 3).

Durch ihn aber seid ihr in Christus Jesus, der uns von Gott gemacht ist ... zur Heiligung ... (1. Kor 1, 30).

Zu ihm hin wachsen

Gewohnheiten der Christen

Fang an!   63
Das schaffst du nie!   70
Keine Gewohnheiten haben   78
Ein gutes Gewissen haben   84
Unannehmlichkeiten begrüßen   92
An der Situation wachsen   100
Reich sein   108

6

Fang an!

... und erweist in eurem Glauben Tugend (2. Petr 1, 5); ... mit eurem Glauben Charakterfestigkeit zu verbinden ... (GN)

Diese Liebe fordert nichts von uns als ein geordnetes und rücksichtsvolles Benehmen und Handeln. Sie verlangt nur, dass wir all das für Gott tun, was uns sonst die Vernunft gebietet. Es ist nicht nötig, noch mehr gute Taten zu tun als bisher, wir sollen nur aus Liebe zu Gott das tun, was Menschen, die man als integer kennt, aus Ehrgefühl und Selbstachtung tun. Wir sollen uns nicht nur rigoros vom Bösen trennen. Das müssten wir auch dann, wenn wir uns nur vom Prinzip der gesunden Vernunft leiten ließen. Aber alles andere sollen wir in der Ordnung lassen, die Gott der Welt gegeben hat. Wir sollen alles Gute und Richtige genauso tun, aber wir sollen es für den tun, der uns gemacht hat und dem wir alles verdanken. (Fénelon)

Auf der Grundlage von Gottes erlösendem Handeln Gewohnheiten auszubilden ist eine außerordentlich wichtige Sache. Gott macht uns neu und verschafft uns

Zugang zu seinen göttlichen Möglichkeiten, aber er zwingt uns nicht so zu leben, wie er es will; das Einüben ist nicht Gottes, sondern unsere Aufgabe. Wir müssen die Initiative ergreifen und »in unserem Glauben Tugend erweisen«. Die Initiative ergreifen heißt mit etwas anfangen, und das muss jeder selbst tun. Wir müssen uns informieren, welchen Weg wir gehen sollen; aber sei vorsichtig, dass du nicht nach dem Weg fragst, wenn du ihn genau weißt.

»Erweisen« heißt sich angewöhnen etwas zu tun und das ist am Anfang schwer. Wir vergessen so leicht, dass wir nicht das tun können, was Gott tut, und dass Gott nicht das tut, was wir tun können. Wir können uns nicht selbst das ewige Leben oder die Vollkommenheit Christi geben, das kann nur Gott; aber Gott gibt uns keine guten Gewohnheiten und Charakterstärke, er veranlasst nicht, dass wir uns richtig verhalten. Das müssen wir schon tun. Wir müssen das »schaffen« oder »erweisen«, das nach außen hin sichtbar machen, was Gott in uns »wirkt« (s. Phil 2, 12+13). Viele von uns kommen im geistlichen Leben nicht zurecht, nicht weil der Teufel sie angreift, sondern weil sie nicht wissen, wie Gott uns gemacht hat. Vergessen wir nicht: Nicht der Teufel hat den menschlichen Körper geschaffen. Vielleicht hat er daran manipuliert, aber geschaffen hat ihn Gott, und wenn wir geistlich neu anfangen zu leben, funktioniert er noch wie vorher. Zum Beispiel werden wir nicht mit der fertigen Gewohnheit geboren uns anzuziehen; das müssen wir erst lernen. Auf geistlichem Gebiet ist es ganz ähnlich: Wenn wir neu geboren werden, gibt uns Gott nicht eine Reihe von fertig ausgebildeten christlichen Gewohnheiten, sondern wir müssen sie entwickeln; diese Ausbildung von Gewohnheiten auf der Grundlage des Wunders, das Gott an uns getan hat, ist unsere geistliche Erziehung.

Viele von uns wollen das nicht. Mit ihrer Trägheit behindern sie die Wirksamkeit Gottes.

Nicht mehr zögern

Ein Zweifler ist unbeständig auf allen seinen Wegen (Jak 1, 8).

Wir müssen mit dem Zögern aufhören und den ersten Schritt machen – und der erste Schritt ist nicht mehr zu zögern! »Wie lange hinkt ihr auf beiden Seiten?« (1. Kön 18, 21) Manchmal wünschen wir uns, Gott würde uns einen kräftigen Schubs geben und uns zwingen zu tun, was wir sollen; aber Gott hat bemerkenswert viel Geduld und wartet, bis wir nicht mehr zögern. Es gibt Leute, die zögern so lange, dass ihr geistliches Erscheinungsbild an einen Storch erinnert: Sie sehen nur elegant aus, wenn sie auf einem Bein stehen. Auf zwei Beinen wirken sie sehr ungeschickt. Manche stehen schon so lange kurz vor einem Versprechen, das Gott gegeben hat, dass sie an ein Denkmal an seiner Grenze erinnern. Wenn man sie dann bittet über die Grenze zu gehen und etwas von ihrem geistlichen Leben zu sagen oder etwas für Gott zu tun, ist ihnen das sehr peinlich. Manchmal wäre es gut, wenn uns jemand einfach hinüberschubste, egal wie wir uns wehren. Wenn Gott uns etwas aufträgt und wir nicht gleich gehorchen, gefährden wir unser geistliches Leben.

»Ein Zweifler« – das ist ein Mensch, der überlegt, was er tut, der besonnen und diplomatisch vorgeht – »ist unbeständig auf allen seinen Wegen.« Wer Gott nicht in allen seinen Plänen an die erste Stelle setzt, ist immer ein Zweifler. »Wenn ich wirklich«, »angenommen«, »aber«, das gehört zum Wortschatz eines Zweiflers. Wenn wir anfangen abzuwägen, geben wir einem raffinierten Feind Gottes Raum: Bedenken. Wenn Gott spricht, müssen wir entschlossen sein, uns auf seine Worte verlassen und gleich handeln. Als Petrus auf dem Wasser ging, hat er nicht darauf gewartet, dass jemand ihn an der Hand nimmt; als er Jesus hörte, ist er gleich ausgestiegen und auf dem Wasser gegangen.

Nimm nie eine Entscheidung zurück. Wenn du falsch entschieden hast, dann nimm die Folgen tapfer auf dich und jammere nicht: »Das mache ich nie wieder.« Fang an, fasse jetzt einen Entschluss, brich die Brücken hinter dir ab: »Ich will diesen Brief schreiben, ich will diese Schuld bezahlen.« Mache es dir unmöglich, die Entscheidung zurückzunehmen. Sentimental werden wir immer dann, wenn wir nicht gehorchen wollen, wenn wir etwas nicht tun wollen, was Gott uns aufgetragen hat, weil von irgendwoher Bedenken gekommen sind. Wenn wir zögern, kommen uns ganz sicher Bedenken.

Fang an zu hören

Wer zu mir kommt und hört meine Rede und tut sie ... (Lk 6, 47)

Wir alle, ob wir Christen sind oder nicht, bauen etwas auf; aber ein Christ baut auf einem anderen Fundament. Wenn wir etwas aufbauen, was uns selbst befriedigen soll, bauen wir auf Sand; wenn wir aus Liebe zu Gott bauen, bauen wir auf Felsen. Hören wir auf das, was Jesus sagt? Alles, was wir bauen, wird in Zerstörung enden, wenn wir nicht auf den Worten Jesu aufbauen. »Wer Ohren hat, der höre« (Mt 11, 15 u. a.). Bestimmte Dinge kann man nur hören, wenn man geübt ist. Was wir erwarten zu hören, das hängt von unseren Neigungen ab, und wenn Jesus unsere Neigungen ändert, gibt er uns die Fähigkeit so zu hören, wie er hört (s. Joh 12, 29+30). Wenn wir uns immer wieder Orientierung aus der Bibel holen, dann stehen wir in Krisensituationen fest; aber wenn wir die Bibel nicht zur Grundlage nehmen und eine Krise kommt, dann stürzen wir, gleich wie stark unser Wille ist. Haben wir gelernt genau auf das zu hören, was Gott sagt? Praktizieren wir dieses bewusste Hören in unserem Alltag? Vielleicht können wir etwas berichten, was Gott für uns getan hat, aber erkennt man an unserer Lebensführung, dass wir im Augenblick nicht hinhören, sondern nur an das zurückdenken, was wir früher einmal gehört haben? Wir müssen in Übung bleiben, Gottes Stimme zu erkennen, damit wir an Geist, Seele und Leib immer wieder neu werden. Wenn wir uns in einer Krisensituation instinktiv an Gott wenden, dann wissen wir, dass wir die Gewohnheit entwickelt haben auf ihn zu hören. Am Anfang machen wir viel Lärm mit unseren eigenen Vorbehalten; wir sind so voll von Dingen, die wir vorher gehört haben, dass wir nichts mehr aufnehmen können. Wir müssen auf das hören, was wir vorher nicht beachtet haben, und um das zu tun, müssen wir innerlich abgeschirmt sein.

»Alle Morgen weckt er mir das Ohr, dass ich höre, wie Jünger hören« (Jes 50, 4). Lies mindestens einmal in der

Woche die Bergpredigt, um zu sehen, wie du auf sie gehört hast: »Liebet eure Feinde, segnet, die euch fluchen«, darauf hören wir allzu oft gar nicht, weil wir nicht wollen. Wir müssen lernen in allem auf Jesus zu hören, es muss uns zur Gewohnheit werden herauszufinden, was er meint. Wir können das, was Jesus lehrt, nur in die Praxis umsetzen, wenn wir neue Menschen sind, und auch dann nicht alles auf einmal. Der Heilige Geist erinnert uns jeweils an einen bestimmten Ausspruch Jesu und wendet ihn auf die besondere Lage an, in der wir sind, und dann ist die Frage: Wollen wir gehorchen? »Wer ... meine Rede hört und sie tut ...« Wenn Jesus Christus dir etwas klarmacht, dann darfst du nicht ausweichen.

Bleibe unbeirrt stehen

... alles überwinden und das Feld behalten ... (Eph 6, 13)

Angreifen ist viel leichter als eine Stellung halten. Aber unsere geistliche Aufgabe ist nicht so sehr ein Angriff als ein Wachhalten: »So steht nun fest« (14). Wenn wir in Erregung geraten, greifen wir an; wenn wir stark genug sind, bleiben wir stehen und siegen. Heute grassiert in der christlichen Arbeit eine Art geistliche Krankheit: Nur das Tun scheint uns wichtig. Aber die größte Tat ist es, ein gläubiger Christ zu sein. Bei Jesus geht es nie um das Tun; wir sollen Christen sein, damit er durch uns tun kann, was er vorhat. Fest stehen, das ist ein heldenhaftes Verhalten. Es wäre schrecklich, wenn wir den Sinn für das Heldenhafte verlören, denn unser Pflichtbewusstsein wird nur durch unseren Sinn für das Heldenhafte wach gehalten. Christus ruft uns zu einem heldenhaften, von Freude bestimmten Leben auf und wir dürfen nie das Interesse daran verlieren.

»Zieht an die Waffenrüstung Gottes« (11). Wenn wir das versuchen und keine heile Beziehung zu Gott haben, geht es uns wie David mit Sauls Rüstung, aber wenn die Beziehung stimmt, dann passt uns die Rüstung genau, denn die Rüstung ist das Wesen Gottes selbst. Die Rüstung, die Gott uns gibt, ist nicht Gebet, sondern er selbst, »die Waffenrüstung Gott« sozusagen, »damit ihr bestehen könnt gegen die listigen Anschläge des Teufels« (11). Der Teufel ist ein Tyrann, aber wenn wir die Waffenrüstung Gottes anhaben, kann er uns nicht schaden. Wenn wir ihn von uns aus angreifen, verlieren wir schnell; aber wenn wir mit Gottes Kraft und Mut dastehen, kann er keinen Zentimeter Boden gewinnen. Manche flüchten, statt stehen zu bleiben. Wenn der Teufel einen neuen »listigen Angriff« einleitet, verlieren sie sofort den Mut und laufen weg, statt stehen zu bleiben. Dann müssen andere die Stellung halten, bis sie sich so sehr schämen, dass sie zurückkommen. Wir müssen von uns aus anfangen, gegen die Angst anzugehen. Ein einziger mutiger Soldat bildet schon einen Kern, um den sich andere sammeln können; und im geistlichen Leben wird, wenn wir die Rüstung Gottes anziehen und treu zu ihm halten, ein ganzes Heer von ängstlichen Christen neue Kraft finden. Vergiss nicht, wir müssen da anfangen, wo wir sind, nicht da, wo wir nicht sind.

7

Das schaffst du nie!

... und (erweist) in der Frömmigkeit brüderliche Liebe ...
(2. Petr 1, 7)

Für die meisten von uns ist Liebe ein unklarer Begriff; wir wissen nicht genau, was wir meinen, wenn von Liebe die Rede ist. Die Liebe, von der Paulus in 1. Kor 13 spricht, bedeutet, dass mir persönlich eine bestimmte Person wichtiger ist als alle anderen. Alles hängt davon ab, wer diese bestimmte Person ist. Jesus verlangt, dass diese Bevorzugung ihm gelten soll. Wir können nicht auf Befehl lieben, aber trotzdem gilt sein Ausspruch: »Wenn jemand zu mir kommt und hasst nicht seinen Vater, Mutter, Frau, Kinder, Brüder, Schwestern und dazu sich selbst (d. h. jede Bindung, die ihm die Bindung an Jesus streitig machen will), der kann nicht mein Jünger sein« (Lk 14, 26). Die feste Bindung an die Person Jesu ist das Einzige, was zählt, und kein Mensch auf der Welt hat die Liebe, die Jesus verlangt, wenn sie ihm nicht gegeben wird. Vielleicht bewundern wir Jesus Christus, achten ihn hoch und verehren ihn sogar; aber ohne den Heiligen Geist können wir ihn nicht lieben. Der Einzige, der den Herrn Jesus Christus liebt, ist der Heilige Geist. In Röm

5, 5 sagt Paulus: »...denn die Liebe Gottes (nicht die Kraft Gott zu lieben, sondern die Liebe Gottes!) ist ausgegossen in unsre Herzen durch den Heiligen Geist, der uns gegeben ist.« Der Heilige Geist ist das Geschenk, das uns Christus mit seiner Himmelfahrt gegeben hat. Die Frage ist: Hast du den Heiligen Geist bekommen? Nicht: Glaubst du an den Heiligen Geist?, sondern: Hast du ihn aufgenommen? Da muss etwas in mich hereinkommen (Lk 11, 13). Wenn ich den Heiligen Geist bereitwillig aufnehme, dann gießt er die Liebe Gottes in mein Herz aus; und aus dieser Liebe heraus soll ich das in die Tat umsetzen, was Petrus hier nennt und Paulus in 1. Kor 13 beschreibt. Das können wir nie selbst erreichen; ein paar von uns haben das einmal sieben Tage lang versucht, dann konnten wir nicht mehr! Die Quelle der Liebe ist Gott, nicht wir. Es ist Unsinn, Gottes Liebe in unserem natürlichen Wesen zu suchen; Gottes Liebe ist nur da, wenn der Heilige Geist sie in uns ausgegossen hat.

Den lieben, den du nicht achten kannst

Gott aber erweist seine Liebe zu uns darin, dass Christus für uns gestorben ist, als wir noch Sünder waren (Röm 5, 8).

Gott gibt seine Liebe dadurch zu erkennen, dass er uns schon geliebt hat, als er uns unmöglich achten konnte, nämlich »als wir noch Sünder waren«, »als wir noch Feinde waren« (10). Wenn wir Gottes Wesen in uns aufnehmen, nimmt uns Gott als Erstes alle Vorspiegelungen und alles fromme Gehabe weg. Das tut er, indem er uns zeigt, dass er uns liebt, nicht weil wir liebenswert sind, sondern weil sein Wesen Liebe ist: »Gott ist die Liebe« (1. Joh 4, 16). Das sicherste Zeichen, dass Gottes Wesen in mir ist, ist das Wissen, dass ich nicht gut bin: »Denn ich weiß, dass in mir, das heißt in meinem Fleisch, nichts Gutes wohnt« (Röm 7, 18). Wenn Gott mir klargemacht hat, wie ich in seinen Augen wirklich bin, dann kann es mich nicht mehr ärgern, wenn andere mir erzählen, zu welchen Schandtaten ich fähig bin; Gott hat es mir schon gezeigt. Wenn wir einmal erlebt haben, was in uns selbst liegt, wollen wir uns nie mehr rechtfertigen. Das Schlimmste, was man über uns sagt, ist vielleicht nicht buchstäblich wahr; aber wir wissen, dass nichts, was über uns geredet wird, so schlimm ist wie das, was Gott in uns sieht.

Versuche nie zu verhindern, dass ein Mensch von seinem eigenen Wesen angewidert ist, das Gott ihm zeigt. Wenn der Heilige Geist in uns kommt, ist das Erste nicht, dass er uns tröstet, sondern dass er uns unsere Bosheit zeigt, denn wir müssen wissen, wie Gott uns wirklich sieht; erst danach zeigt er uns, dass Gott sein eigenes Wesen in uns legen will, wenn wir es zulassen.

Das Bemerkenswerte an Gottes Liebe ist, dass sie gegen alles, was nicht von ihr kommt, unvorstellbar grausam ist. Wenn ich weit von Gott weg bin, verletzt er mich zutiefst; aber wenn ich dicht bei ihm bin, ist er unglaublich liebevoll. Die King-James-Übersetzung schreibt: »Gott empfiehlt seine Liebe zu uns.« Gottes Liebe erscheint unseren natürlichen Vorstellungen so fremd, dass er sie uns empfehlen muss, damit wir etwas damit anfangen können. Erst wenn wir auf unsere böse und rebellische Haltung gegen Gott aufmerksam gemacht worden sind, erkennen wir, wie groß seine Liebe zu uns ist, sogar schon »als wir noch Sünder waren«. »(Der) Sohn Gottes, der mich geliebt hat und sich selbst für mich dahingegeben« (Gal 2, 20): Diese Liebe ist für Paulus immer ein Wunder geblieben.

»Der Herr ist geduldig und von großer Barmherzigkeit …« (4. Mose 14, 18). Wenn ich darauf achte, wie Gott mit mir umgeht, finde ich, dass er mir meinen Stolz und meine unredliche Haltung gegen ihn zeigt, und das Wissen, dass er mich geliebt hat, obwohl er mich bei allem guten Willen nicht achten konnte, treibt mich hinaus zu anderen Menschen, um sie so zu lieben, wie er mich geliebt hat. Gottes Liebe zu mir ist unerschöpflich und seine Liebe zu mir ist die Grundlage meiner Liebe zu anderen. Wo wir einen Menschen nicht achten können und dürfen, müssen wir ihn lieben und das ist nur möglich, weil Gott uns selbst so liebt. »Das ist mein Gebot, dass ihr euch untereinander liebt, wie ich euch liebe« (Joh 15, 12).

Liebe bedeutet bewusste Selbsteinschränkung: Wir identifizieren uns bewusst in allen Dingen mit den Interessen Gottes. »Wie er die Seinen geliebt hatte, die in der Welt waren, so liebte er sie bis ans Ende« (Joh 13, 1). Mir wird klar, dass Gott mich mit all meiner Bosheit und Gemeinheit, meiner Selbstsucht und meinen falschen Beweggründen liebt. Und dies ist die Einsicht, die notwendig folgt: dass ich andere so lieben muss, wie Gott mich liebt. Gott lässt uns immer wieder Leuten begegnen, die wir nicht achten können, und ihnen müssen wir Gottes Liebe entgegenbringen, wie er sie uns entgegenbringt. Ist uns schon einmal bewusst geworden, was das für eine großartige Möglichkeit ist, unser Leben für Jesus Christus herzugeben? Jesus bittet uns nicht für ihn zu sterben, sondern ihm unser Leben zur Verfügung zu stellen. Auch Christus hat sich nicht nur zum Sterben gegeben, er hat Gott sein ganzes Leben zur Verfügung gestellt. Gott will nicht unseren Tod, sondern unser Leben. »Ich ermahne euch«, sagt Paulus, »... dass ihr eure Leiber hingebt als ein Opfer, das lebendig ... ist« (Röm 12, 1).

Die größte Liebe, die ein Mensch haben kann, ist die zu seinen Freunden (s. Joh 15, 13); Gottes größte Liebe gilt seinen Feinden (s. Röm 5, 8-10). Die höchste Form christlicher Liebe ist, dass ein Mensch sein Leben für seinen Freund Jesus Christus hergibt: »Euch aber habe ich gesagt, dass ihr Freunde seid« (Joh 15, 15). Hier verbindet der Herr Jesus die höchste Form der menschlichen mit der höchsten Form der göttlichen Liebe — nicht in seiner Person, sondern in seinen Jüngern. Besonders wichtig ist ihm, dass wir ganz bewusst unser Leben hergeben, nicht für eine tragische Handlung wie einen Opfertod, sondern für den grauen, von Fakten bestimmten Alltag, nicht für romantische Stunden, sondern für das Gewöhnliche — mein Leben jeden Tag mit voller Absicht daran zu verschwenden, weil ich meinen Freund Jesus liebe. Das ist die Liebe, die nie versagt: nicht menschliche oder göttliche Liebe allein, sondern die Einheit von beiden, die im Leben des Jüngers Gestalt annimmt. Der zentrale Augenblick der Kreuzigung in der Geschichte der Menschheit zeigt das Wesen dieser göttlichen Liebe in höchster Konzentration: Gott gibt sein Leben für dieselbe Schöpfung, die die Menschen für ihre eigensüchtigen Zwecke ausnutzen. Das Sich-selbst-Verschwenden dieser göttlichen Liebe im Leben und Sterben Jesu wird zur Brücke über den Abgrund der Sünde; nur so kann menschliche Liebe von der göttlichen Liebe durchdrungen werden, die nie versagt.

Den lieben, der dich nicht achtet

(1. Petr 2, 20+21)

Als Christen werden wir nicht von allen Menschen geachtet. Jesus hat dazu gesagt: »Das habe ich zu euch gesagt, damit ihr nicht abfallt. Sie werden euch aus der Synagoge ausstoßen. Es kommt aber die Zeit, dass, wer euch tötet, meinen wird, er tue Gott einen Dienst damit« (Joh 16, 1+2). Das wird wieder so werden. »Der Jünger steht nicht über dem Meister« (Mt 10, 24). Wie viel Achtung ist Jesus Christus entgegengebracht worden, als er auf der Erde lebte?

Ein Zimmermann aus Nazareth, verachtet, abgewiesen und gekreuzigt. Es stimmt nicht, dass wir das Göttliche zwangsläufig lieben, wenn wir ihm begegnen: Als die religiös Engagierten zur Zeit Jesu Gott selbst in Menschengestalt vor sich sahen, hassten sie ihn und kreuzigten ihn. »Gedenkt an das Wort, das ich euch gesagt habe: Der Knecht ist nicht größer als sein Herr. Haben sie mich verfolgt, so werden sie euch auch verfolgen« (Joh 15, 20). Oft meinen wir, ein Christ sei einfach nur ein zivilisierter Mensch; aber ein Christ ist jemand, der mit Jesus Christus eins ist, der gelernt hat, dass ein Knecht nicht größer ist als sein Herr.

Wenn man uns verachtet, weil wir ungewöhnliche Meinungen vertreten, fühlen wir uns leicht den anderen überlegen, es fördert unseren natürlichen Stolz. Aber Jesus sagt: »Selig seid ihr, wenn euch die Menschen um meinetwillen schmähen und verfolgen und reden allerlei Übles gegen euch« (Mt 5, 11). Wenn du willst, dass es dir in dieser Welt gut geht, dann versuche nicht Jesus zu folgen. »Will mir jemand nachfolgen, der verleugne sich selbst«, das bedeutet: Er muss sein Recht auf eigene Lebensgestaltung an Christus abgeben. Wenn es um das Leben mit Jesus geht, ist da immer ein »Wenn«, das uns zeigt, dass wir nichts müssen, wenn wir nicht wollen. Jesus zwingt uns nie zu etwas. Es gibt nur eine Art Jesus zu folgen: indem man ihn liebt.

Alle lieben, die erlöst sind

Was hat Gott erlöst? Alles, was Sünde und Teufel angerührt und verdorben haben, hat er erlöst. Die Erlösung ist vollendet. Wir arbeiten nicht für die Erlösung der Welt, sondern weil Gott die Welt erlöst hat, und das ist ein großer Unterschied. Das Letzte, was Jesus seinen Jüngern aufgetragen hat, war nicht die Welt zu retten; die Welt ist schon gerettet. Er hat sie geschickt, Jünger zu gewinnen. Unsere Aufgabe ist es, »… ihnen die Augen aufzutun, dass sie sich bekehren von der Finsternis zum Licht und von der Gewalt des Satans zu Gott. So werden sie Vergebung der Sünden empfangen« (Apg 26, 18), d. h. sie sollen die Möglichkeit bekommen die Erlösung für sich anzunehmen. Die Erlösung ist da, aber ein Mensch kann das nur glauben, wenn er sie annimmt: »Ich bezweifle nicht, dass Gott Menschen rettet, auch nicht, dass er all das tun kann, was in der Bibel steht; aber es ist Unsinn zu meinen, das beträfe mich!«

Wir müssen aufpassen, dass wir nicht die Not, die wir sehen, für den Auftrag Gottes halten. Die Erlösung ist der Auftrag Gottes; die Not bietet nur die Möglichkeit ihn auszuführen und die Möglichkeit ist bei uns zu

Hause, am Arbeitsplatz, überall wo wir sind, nicht nur bei religiösen Veranstaltungen. Von Natur aus möchten wir immer woanders hingehen, aber Gottes Liebe wirkt da, wo wir sind, und sie wirkt ohne Ansehen der Person.

Verlassen wir uns unbedingt und unerschütterlich auf die Erlösung durch Jesus Christus? Sind wir überzeugt, dass jeder Mensch »in Christus vollkommen« gemacht werden kann (Kol 1, 28)? »Erstatten« wir »an unserem Fleisch, was an den Leiden Christi noch fehlt, für seinen Leib« (s. V. 24)? Das bedeutet, dass wir mit Christus so eins sein müssen, dass seine Liebe ununterbrochen durch uns ausgegossen wird; wir müssen bereit sein gar nichts zu sein, damit er seine Freundlichkeit durch uns weiterleiten kann. Keine Liebe ist beständig, wenn sie nicht gepflegt wird — weder die natürliche noch die, die Gott in uns »ausgießt«. Wir müssen Liebe üben, bis sie uns normal und selbstverständlich wird.

8

Keine Gewohnheiten haben

Denn wenn dies alles reichlich bei euch ist, wird's euch nicht faul und unfruchtbar sein lassen in der Erkenntnis unseres Herrn Jesus Christus (2. Petr 1, 8)

Wenn wir eine Gewohnheit absichtlich ausbilden, ist uns das bewusst; aber nach einer Zeit der Einübung fallen diese Gewohnheiten nicht mehr auf, weil wir die Dinge unbewusst tun. Als Christen müssen wir lernen wirklich darauf zu warten, dass Gott in der augenblicklichen Lage zu uns kommt, und uns nicht automatisch nach unserer Vernunft zu richten; denn das tun wir, wenn wir Gott nicht begegnet sind. Wenn wir erkennen, dass Gottes Anordnungen uns in den Zufälligkeiten erreichen, dann nimmt unser Leben die Gestalt an, die der Herr Jesus in der Bergpredigt aufzeigt. Da gebraucht er als Bilder »die Vögel unter dem Himmel« und »die Lilien auf dem Feld« (Mt 6, 26 + 28). Vögel und Blumen folgen ihrer Gesetzmäßigkeit an dem Platz, den Gott ihnen gibt; sie denken nicht über sich selbst nach; sie werden nicht durch ihr eigenes Denken zu dem, was sie sind, sondern durch den

Plan des Vaters im Himmel. Wenn Befangenheit und Selbstverachtung an die Stelle unseres einfachen Vertrauens zu Gott treten, ist etwas nicht in Ordnung; und das Mittel dagegen ist dahin zu kommen, dass alle unsere Gewohnheiten so ausgeübt werden, dass sie uns gar nicht mehr bewusst werden. Achte einmal darauf, wie Gott unsere Zeitpläne durcheinander bringt, wenn wir dabei sind, unsere christlichen Übungen zu Göttern zu machen. Immer wenn wir anfangen unsere Gewohnheit des Betens oder Bibellesens anzubeten, unterbricht Gott diese Zeit. Wenn wir sagen: »Das geht nicht, ich bin beim Beten; diese Zeit gehört Gott« – dann gehört sie in Wirklichkeit unserer Gewohnheit und wir beten die Gebetsübung an.

Gewohnheiten einüben, bis es keine mehr sind

Denn wenn dies alles reichlich bei euch ist ...

Ist es das bei uns? Manchmal merken wir, dass wir besser und geduldiger werden, mehr an Gott orientiert, aber das sind nur Übergangsphasen; wenn wir da bleiben, werden wir zu Frömmlern. Ein Frömmler ist jemand, der tut, was er kann, um so zu sein, wie er gern sein möchte, aber er weiß, dass er nicht so ist. Als Christen fallen wir immer wieder zurück in Befangenheit und Selbstbeobachtung, weil wir ein bestimmtes Verhalten noch nicht eingeübt haben. Das Ziel ist, dass die Beziehung ganz einfach wird.

Einen Mangel zu kennen ist geistlich gesehen eine Krankheit; trotzdem wird sie durch eine Berührung von

Gott hervorgerufen, weil wir verschiedene Verhaltensweisen noch nicht praktizieren. Dann müssen wir den Mangel zugeben und von da an nach Gelegenheiten suchen, die Eigenschaft zu trainieren, die uns fehlt: Geduld, Orientierung an Gott, Liebe ... Die Eigenschaft, die uns fehlt, müssen wir üben, bis sie zur selbstverständlichen Gewohnheit wird wie bei einem Kind.

Wir müssen aufpassen, dass wir uns nicht nur eine Eigenschaft aussuchen. Petrus sagt: »Wenn dies alles — Glaube, Tugend, Erkenntnis, Mäßigkeit, Geduld, Frömmigkeit, brüderliche Liebe und die Liebe zu allen Menschen — reichlich bei euch ist«. Jesus Christus ist das Beispiel für jede christliche Erfahrung und er lässt sich nicht mit den Begriffen menschlicher Leistung beschreiben; sein Wesen ist übernatürlich. »Kommt her zu mir«, sagt Jesus, »... so werdet ihr Ruhe finden« — die Ruhe, die mit der vollen Erfüllung unserer Aufgabe einhergeht und nicht an Selbstbetrachtung denkt. Die Erfüllung der Aufgabe lässt sich mit der Drehung eines Kreisels vergleichen: Wenn er sich schnell dreht, gehen alle seine Farben ineinander über und es entsteht ein harmonischer Klang; aber wenn er sich nur langsam dreht, dann torkelt er und gibt Geräusche von sich und man sieht jede einzelne Farbe. Wenn uns ein Mangel bewusst wird, dann weil Gott uns zeigt, dass noch eine Eigenschaft eingeübt werden muss, und solange sie nicht zur Gewohnheit geworden ist, sehen wir hier einen schwarzen, da einen farbigen Streifen. Aber wenn diese Eigenschaft dazugekommen ist, ist kein Mangel mehr zu sehen, alle Eigenschaften fließen zusammen und der ganze Mensch kann ohne Unruhe seine Aufgabe erfüllen.

Das Entscheidende für einen Christen ist nicht Selbstverwirklichung, sondern Christus selbst; daher kann ein Christ leicht übergangen werden, denn die meisten Menschen nehmen Christus in einem Christen ebenso wenig wahr wie die Menschen zu seinen Lebzeiten auf der Erde. Aber wenn eine Krise eintritt, dann wenden sich die Menschen an den Christen und dann sieht man, dass sein nur scheinbar farbloses Wesen in Wirklichkeit das blendend weiße Licht Gottes widerspiegelt.

Vollkommenheit zum Ausdruck bringen, bis sie unbewusst wird

… wird's euch nicht faul und unfruchtbar sein lassen …

Es ist grundfalsch, sich auf die eigene Leuchtkraft zu konzentrieren, denn dann wird uns nichts bewusst als nur eine starke Sehnsucht nach einer ungetrübten Beziehung zu Gott. Wir müssen dahin kommen, dass jedes Bewusstsein von Vollkommenheit aufhört, weil der da ist, der selbst die Vollkommenheit ist. Auch wenn Gott uns sein Wesen geschenkt hat und uns in sein Bewusstsein mit hinein nimmt, können wir doch nicht Gott in unser Bewusstsein aufnehmen. Wenn wir bewusst üben vollkommen zu sein, sind wir in mancher Hinsicht recht schwierig: Wir sind überzeugt, manches nicht tun zu können, aber in Wirklichkeit sind wir die Einzigen, die es können sollten. Aber sobald unsere Beziehung zu Gott einfach wird, kann er uns hinstellen, wo er will, und es wird uns nicht einmal bewusst, wo er uns hinstellt. Was wir wahrnehmen, ist nur, dass unser Leben nach außen hin zwar völlig ungeordnet aussieht, aber unglaublich einfach ist. Das einzige Leben, das auf dieser Erde ganz aus der Kraft Gottes geführt worden ist, war das Leben des Herrn Jesus und er war überall zu Hause, weil Gott da war. Immer wenn wir uns bei Gott fremd fühlen, muss noch eine seiner Eigenschaften in uns »Fuß fassen«. Dann müssen wir Gott in dieser Hinsicht in uns arbeiten lassen, bis wir wieder eins mit ihm sind, und dann wird unser Leben so einfach wie das eines Kindes und es geht uns nur darum, uns nach Gott zu richten.

Erkenntnis bekommen, bis wir sie verlieren

... in der Erkenntnis unseres Herrn Jesus Christus.

»Dann aber werde ich erkennen, wie ich erkannt bin.« Die Liebe bleibt und die Erkenntnis fließt mit ein. Erkenntnis ist vervollkommneter Glaube und dieser Glaube wiederum wird sichtbar. Wir bekommen Erkenntnis, bis alle Erkenntnis in der Tatsache aufgeht, dass Gott da ist. Erkenntnis ist ein Ausdruck von Gottes Wesen und die praktische Folge der Tatsache, dass Gott in uns lebt, aber wenn wir Erkenntnis für sich allein nehmen, fangen wir leicht an Gott zu kritisieren. Wir suchen, wo Gott sich seinen Kindern zeigt; aber Gott zeigt sich nur in seinen Kindern, so dass andere es sehen, der Christ selbst aber nicht. Wenn du sagen musst: »Ich merke nichts mehr von Gottes Freundlichkeit«, »ich spüre nicht mehr, dass er mich anrührt«, »ich höre keine Antwort mehr auf meine Gebete« — dann danke Gott! Wenn du das alles bewusst wahrnimmst, heißt das, dass du nicht mehr »in

Gott« bist. »... damit auch das Leben Jesu an unserm Leibe offenbar werde« (2. Kor 4, 10) — »Ich merke nicht, dass sein Leben an mir sichtbar wird«, sagst du vielleicht, aber wenn du ihm gehörst, tut es das ganz sicher. Wenn ein kleines Kind sich bewusst wird, dass es ein kleines Kind ist, ist seine Kindlichkeit verloren; und wenn ein Christ sich bewusst wird, dass Gott in ihm sichtbar werden will, ist etwas schief gegangen. »Nein, dazu bin ich nicht gut genug.« Du wirst auch nie gut genug! Darum muss Jesus kommen und dich lebendig machen. Mache dir ein für alle Mal klar, dass du tot bist, und von da an lass Gott alles in allem sein, dann wird dein Leben einfach wie das eines Kindes und Gottes Anweisungen kommen jeden Augenblick neu.

Lebe nie von Erinnerungen. Wenn du berichtest, denke nicht zurück, wie du früher warst; lass Gottes Wort immer lebendig und aktiv in dir sein und gib immer und in jeder Lage dein Bestes.

9

Ein gutes Gewissen haben

... und habt ein gutes Gewissen (1. Petr 3, 16).

Manche sagen, das Gewissen sei die Stimme Gottes in uns, aber es ist leicht zu beweisen, dass das Unsinn ist. Paulus sagt: »Zwar meinte auch ich selbst, ich müsste viel gegen den Namen Jesu von Nazareth tun« (Apg 26, 9). Als Paulus Jesus Christus hasste und seine Nachfolger umbringen ließ, gehorchte er seinem Gewissen; und Jesus sagt: »Es kommt aber die Zeit, dass, wer euch tötet, meinen wird, er tue Gott einen Dienst damit« (Joh 16, 2). Wenn das Gewissen Gottes Stimme wäre, dann wäre das die widersprüchlichste Stimme, die jemals ein Mensch gehört hat. Das Gewissen ist das Auge der Seele; und wie es uns die Dinge zeigt, das hängt ganz davon ab, in welchem Licht es Gott sieht. Der Gott, den Saul von Tarsus kannte, war der Gott des strengen Judentums; in diesem Licht sah ihn Paulus und er kam zu dem Schluss, er müsse Jesus hassen und seine Nachfolger umbringen. Sobald das blendende Licht Christi auf ihn fiel, zeigte Sauls Gewissen ihm etwas anderes. Zutiefst erschrocken fragte er: »Herr, was soll ich tun?« (Apg 22, 6-10). Saul hatte zwar kein anderes Gewissen bekommen, aber es gab ihm ein anderes Bild und das Ergebnis war ein totaler Umbruch in seinem Leben. Das Gewissen ist die Fähigkeit des Geistes, sich nach dem Höchsten und Besten zu richten, das ein Mensch kennt, ob er nun Agnostiker oder Christ ist; nicht jeder Mensch kennt Gott, aber jeder Mensch hat ein Gewissen.

Ein sensibles Gewissen

Darin übe ich mich, allezeit ein unverletztes Gewissen zu haben vor Gott und den Menschen (Apg 24, 16).

Wenn ich gewöhnt bin, konsequent immer wieder die Begegnung mit Gott zu suchen, dann stellt mein Gewissen mir immer Gottes vollkommenes Gesetz vor Augen. Dann ist die Frage: Tue ich das, was mein Gewissen mir klar als Aufgabe zeigt? Wenn Gottes Sohn in mir Gestalt annimmt und mein Gewissen entsprechend ausrichtet, dann muss ich bewusst üben, mein Gewissen so sensibel zu erhalten, dass ich dem gehorche, was ich als Gottes Willen erkenne. Ich muss Gottes Handlungsweisen so gut kennen und so wach auf die leiseste Berührung des Heiligen Geistes reagieren, dass ich weiß, was ich tun soll. Wenn ich mich innerlich für Gott offen halte, dann weiß ich, wenn ich mit den Äußerlichkeiten des Alltags zu tun habe, sofort, was ich tun soll; wenn nicht, ist es meine Schuld. Ich soll in jeder Lage, in die ich komme, so wach und aufmerksam für Gott und so eng mit seinem Sohn verbunden sein, dass meine Denkweise für jede Situation

»erneuert« ist. Dann kann ich erkennen, »was Gottes Wille ist, nämlich das Gute und Wohlgefällige und Vollkommene« (Röm 12, 2).

Wenn wir sagen: »Ach nein, das kann Gott nicht von mir erwarten, das hat er mir nicht gesagt«, dann drücken wir uns um die Aufgabe, ein feines Gespür für das Gute zu entwickeln. Wie, meinen wir, sagt Gott es uns? »... das Gebot ... ist nicht im Himmel ... Es ist auch nicht jenseits des Meeres ..., denn es ist das Wort ganz nahe bei dir, in deinem Munde und in deinem Herzen, dass du es tust« (5. Mose 30, 11-14). Wenn wir Christen sind, ist Gottes Wort in unserem Herzen.

In unseren Lebensumständen, die Gott bestimmt, gibt er uns Gelegenheiten unser Gewissen zu verfeinern, und so erzieht er uns auch in Kleinigkeiten. An entscheidenden Wendepunkten ist es leicht Weisungen zu bekommen, aber es ist etwas anderes, in so vollkommener Einheit mit Gott zu leben, dass wir im normalen Alltagsablauf immer das Richtige tun. Bin ich so wach, dass ich nicht nur auf entsetzliche Verbrechen oder übermenschliche Vollkommenheit, sondern auch auf die alltäglichen Begebenheiten des Lebens reagiere? »Betrübt nicht den Heiligen Geist Gottes« (Eph 4, 30). Er redet nicht mit Donnerstimme, sondern so leise, dass man es leicht überhören kann. Das Einzige, was mich sensibel erhält, ist die Gewohnheit ständig darauf zu achten, dass ich innerlich für Gott offen bleibe. Immer wenn du anfängst zu argumentieren, geh nicht weiter. »Warum darf ich das nicht?« Da bist du schon falsch ausgerichtet. Wenn das Gewissen spricht, darf es keinerlei Widerspruch geben. In Krisensituationen sind wir unter Spannung und wissen gewöhnlich, was wir tun sollen; aber die

Wachheit eines Christen zeigt sich in den alltäglichen Kleinigkeiten. Oft fällt uns der Begriff »Gewissen« nur im Zusammenhang mit extremen Gemeinheiten ein. Die Wachheit wird dadurch erhalten, dass wir immer offen für Gott sind. Wenn du zulässt, dass eine einzige Sache deine innere Verbindung mit Gott beeinträchtigt, gefährdet das dein ewiges Leben. Lass sie fallen, gleich was es ist, und sieh zu, dass du innerlich wieder klar siehst.

Das Brandmal im Gewissen

... die ein Brandmal in ihrem Gewissen haben (1. Tim 4, 2)

Hier ist die Rede von einem Gewissen, das durch ein Brandeisen grausam verletzt worden ist. Das Gewissen ist das Auge der Seele und gibt wieder, was es sieht, aber wenn das, was Ruskin »die Unschuld des Auges« nennt, verloren gegangen ist, kann die Wiedergabe verzerrt sein. Wenn das Organ, das die Eindrücke der Seele wiedergibt, ständig verbogen ist, wird es unnatürlich. Wenn ich etwas Böses oft genug tue, erkenne ich nicht mehr, dass es böse ist. Ein schlechter Mensch kann sich in seiner Schlechtigkeit sehr wohl fühlen. Das bedeutet das »Brandmal im Gewissen«. Unsere Kritikfähigkeit ist dazu da, dass wir uns selbst prüfen können, und das sollen wir unter der Leitung des Heiligen Geistes tun, indem wir uns fragen: »Bin ich für die Zeichen von Gottes Willen weniger wach als früher, unsensibler für die ehrliche Ausrichtung auf Gott, für Aufrichtigkeit, Güte, Ehrlichkeit und Wahrheit?« Wenn ich das merke, kann ich ganz sicher sein, dass etwas, was ich getan habe (nichts, was andere mir getan haben!), mein Gewissen verletzt hat. Das ist so, als hätte das Auge der Seele einen Bluterguss, so dass ich nicht richtig sehen kann.

Das Gewissen kann durch ein furchtbares Verbrechen ein Brandmal bekommen; so war es bei Herodes. Herodes brachte Gottes Stimme, die zu ihm sprach, gewaltsam zum Schweigen (s. Mk 6, 16-28), und als Jesus Christus dann vor ihm stand, wird berichtet: »Er aber antwortete ihm nichts« (Lk 23, 9).

Das menschliche Auge kann Schaden nehmen, wenn es lange starker Helligkeit ausgesetzt wird. So kann Schneeblindheit z. B. monatelang andauern. Und das Gewissen kann Schaden nehmen, wenn man zu viel über den geistigen Hintergrund der Dinge spekuliert und in den Bereich des Okkulten gerät; wenn man sich dann wieder dem normalen Leben zuwendet, ist man vollkommen blind. Für Engel ist es vielleicht gut, ständig in Visionen und Meditationen zu leben, aber als Mensch und Christ begegne ich Gott in den Ereignissen meines Alltags. Die besonderen Gebetszeiten sind etwas anderes. Aber wenn ich mich der Umgebung verschließe, mich nur noch auf ein Thema konzentriere und meine Beziehung zum Leben und zu Menschen vergesse — wenn ich mich dann wieder dem Alltagsleben zuwende, bin ich blind für das Richtige. Versuche ich das Gefühl von Gottes Nähe für mein geistliches Leben immer aufrecht zu halten? Wenn Gott uns in sein Leben aufgenommen hat, besteht die Gefahr, dass wir versuchen die Intensität der Vision zu erhalten; wir wollen unsere Alltagsarbeit nicht wieder aufnehmen und bald sind wir völlig ratlos, denn wir haben versucht ein Gefühlserlebnis zu bewahren, anstatt eine gesunde Beziehung zu Gott zu pflegen, der uns das Erlebnis gegeben hat.

Als natürlicher Mensch komme ich nicht in Verbindung mit Gott, nur mit anderen natürlichen Geschöpfen und mit irdischen Dingen, und da muss ich Gottes Sohn sichtbar machen, indem ich im Umgang mit dem Alltag »den neuen Menschen anziehe« (s. Eph 4, 24). Tue ich das? Habe ich mir angewöhnt, mein Gewissen innerlich für Gott und gleichzeitig äußerlich für die Menschen wach zu erhalten — setze ich immer das in die Praxis um, was Gott in mich hineinlegt? Gott führt unsere Lebensumstände so, dass wir manchmal sehr ungewöhnlichen Leuten begegnen, nämlich Leuten, die in verschiedenster Hinsicht so sind wie wir. Es gehört zur Komik der Situation, dass wir uns selbst in ihnen erkennen. Und jetzt, sagt Gott, bringe ihnen die Haltung entgegen, die du an mir erlebt hast. Das ist eine Art, das Gewissen gegen Gott und Menschen unbeschädigt zu erhalten.

Das Gewissen des Christen

... mit offenem Herzen und gereinigtem Gewissen (Hebr 10, 22)

Kann Gott das Brandmal in einem Gewissen auslöschen und es wieder sensibel machen? Ja, und das tut er durch die stellvertretende Sühne des Herrn Jesus Christus. »Um wie viel mehr wird dann das Blut Christi ... unser Gewissen reinigen von den toten Werken, zu dienen dem lebendigen Gott!« (Hebr 9, 14) Wenn der Heilige Geist von mir Besitz ergreift, gerät mein ganzes Wesen völlig durcheinander, denn sobald ein Mensch Jesus sieht und versteht, wer er ist, macht er sich Vorwürfe und verurteilt sich selbst. Wenn wir dem Heiligen Geist gehorchen, bringt er die Versöhnung, die Christus erreicht hat, in uns zur Wirkung: Das Blut Christi reinigt unser Gewissen von den toten Werken und gibt uns eine neue, heile Beziehung zu Gott. Diese geheimnisvolle Verwandlung, durch die die Versöhnung zum Zentrum meines Lebens wird, erlebe ich als Reue, die der Heilige Geist in mir bewirkt. Die tiefste Reue empfindet nicht der selbstbestimmte Mensch, sondern der Christ. Aber Traurigkeit über meine bösen Taten ist nicht genug; Buße ist notwendig, d. h. eine neue Geisteshaltung, so dass man die Sache nie wieder tut. Nur ein Christ, der Vergebung erlebt hat, kann sich so neu orientieren. »Wenn wir aber unsre Sünden bekennen, so ist er treu und gerecht, dass er uns die Sünden vergibt und reinigt uns von aller Ungerechtigkeit« (1. Joh 1, 9). Wenn wir nur zugeben anstatt zu bekennen, heißt das »das Blut Jesu mit Füßen treten«, aber sobald wir zulassen, dass der Heilige Geist uns Reue schenkt, reinigt das Blut Christi unser Gewissen von den toten Werken — und dann ist uns nichts wichtiger, als uns mit Leib und Seele und mit leidenschaftlicher Liebe für Gott zu verausgaben.

Wenn ich dem christlichen Gewissen in mir freien Raum gebe, dann heißt das, dass ich mein Leben ständig für Gott offen halte und ständig über die Fürbitte für andere mit ihm in Kontakt bleibe. Unser schlechtes Gewissen wird dadurch geheilt, dass Jesus Christus durch unsere Fürbitte den Schaden wieder gutmacht, der anderen entstanden ist. Das ist ein erstaunlich starker Trost. Das Gewissen des Christen arbeitet so, dass ich vor Gott immer offen und selbstkritisch bleibe und dass die Wachheit, die er mir schenkt, mein Leben lang mein praktisches Verhalten bestimmt.

10

Unannehmlichkeiten begrüßen

Wer dies aber nicht hat, der ist blind und tappt im Dunkeln und hat vergessen, dass er rein geworden ist von seinen früheren Sünden (2. Petr 1, 9).

Damit der Unterschied nach außen erkennbar wird, den Gottes Handeln in uns bewirkt, müssen wir Gewohnheiten entwickeln, bis alle Gewohnheiten in der vollkommenen Liebesbeziehung zu Gott aufgehen. Das ist eine Vater-Kind-Beziehung, in der uns klar ist, dass wir alles, was Gott uns sagt, ohne Widerspruch tun müssen. Gott gibt seine Anweisungen nicht unserem natürlichen Menschen, sondern seinem Sohn, der in uns ist; daher ist alles, was Gott uns aufträgt, für unser menschliches Wesen schwierig. Aber sobald wir gehorchen, wird es wunderbar leicht, denn hinter unserem Gehorsam steht die ganze Allmacht des liebevollen Gottes.

Heiligung bedeutet, dass Gottes Sohn in uns gestaltet wird (s. Gal 4, 9). Daher muss unser menschliches Wesen durch sein Wesen, das in uns ist, verwandelt werden, und da ist unsere Mithilfe gefordert. Wir müssen »den neuen Menschen anziehen, der nach Gott geschaffen ist« (s. Eph 4, 24). Wenn wir uns weigern ihn durch uns handeln zu lassen, hat Gottes Sohn keine Möglichkeit sich in uns zu zeigen. Damit verhindern wir, dass wir selbst zu einem »Bethlehem« werden, einem Ort, in dem der Heilige Geist Gottes Sohn hervorbringt. Ziehen wir den neuen Menschen an, der so ist wie Jesus, oder ersticken wir sein Leben in uns? Wenn wir Dinge zulassen, die nicht von Gottes Sohn ausgehen, dann töten wir sein Leben in uns. Das Leben, das Jesus auf der Erde führte, ist das Vorbild für das Leben, das in uns entsteht, wenn wir darauf achten die Möglichkeiten umzusetzen, die Gott in uns legt. Unsere menschliche Natur ist dazu da, dass Gottes Sohn in ihr sichtbar wird; das ist unsere Verantwortung. Manchmal scheinen die biblischen Aussagen dem Menschen die Verantwortung wegzunehmen, aber in Wirklichkeit wird sie dadurch hundertmal größer. Wenn Paulus zum Beispiel sagt: »Ich bin mit Christus gekreuzigt. Ich lebe, doch nun nicht ich, sondern Christus lebt in mir« (Gal 2, 19+20), dann heißt das nicht, dass ich keine Verantwortung hätte. Im Gegenteil habe ich die Verantwortung darauf zu achten, dass Christus ununterbrochen durch mich handelt. Ich muss zusehen, dass die Außenbereiche seiner Wohnung für ihn so gut brauchbar sind, dass er dadurch arbeiten kann. Ich darf nicht erlauben, dass die eigenen Vorstellungen und Vorurteile seine Wirksamkeit einschränken.

In Form bleiben

Wer dies aber nicht hat, der ist blind ...

Wenn Christus in uns gestaltet wird, müssen wir dafür sorgen, dass wir als Menschen allem, was Gottes Sohn uns zeigt, vollkommen gehorchen. Gott gibt uns keinen fertigen Charakter. Er gibt uns das Wesen seines Sohnes. Wir können ihn ignorieren und ihm den Gehorsam verweigern oder wir können ihm so gehorchen, alle unsere Gedanken und Vorstellungen so unter seine Kontrolle bringen, dass Jesus in uns als natürlichen Menschen erkennbar wird. Es geht nicht darum, dass wir nicht in die Hölle kommen; Gott hat uns gerettet, damit sein Sohn in uns sichtbar werden kann. Wir sind dafür verantwortlich, dass unsere Fähigkeit erhalten bleibt, ihn den Menschen zu zeigen.

Fehlen uns Eigenschaften, von denen Petrus durch den Heiligen Geist sagt, wir müssten sie »erweisen« – Eigenschaften, an denen man einen Christen erkennen sollte? Entfalten wir zum Beispiel die Tugend der Selbstbeherrschung und der Frömmigkeit in unseren Briefen und Gesprächen? Wenn nicht, dann geben wir nicht nur ein falsches Bild von Gottes Sohn, wir schaden auch seinem Leben in uns. Wenn uns diese Dinge fehlen, dann weil wir im Dunkeln tappen und vergessen haben, dass er uns die alten Sünden abgenommen hat. Dann besteht die Gefahr, dass wir uns ganz von einem Erlebnis der Verklärung vereinnahmen lassen und vergessen, dass Christus sich im normalen Alltag in uns zeigen soll.

Die einzige Möglichkeit in Form zu bleiben ist durch Unannehmlichkeiten. An den unangenehmen Dingen erkennt man, ob wir das Wesen des Sohnes Gottes ausdrücken oder ob unser Leben sich gegen ihn richtet. Wenn etwas Unangenehmes passiert, sieht man dann an uns das liebevoll ruhige Wesen Christi oder unsere natürliche Gereiztheit? Immer wenn wir selbst die Oberhand gewinnen, wird das Wesen des Sohnes Gottes in uns verdreht und verfälscht; wir ärgern uns und sein Wesen nimmt Schaden. Wir müssen uns vor jedem menschlichen Wesenszug in Acht nehmen, der vorrangig behandelt werden will. Sobald wir uns gekränkt fühlen, wachsen wir geistlich nicht mehr. Vielleicht bist du beleidigt, weil du mit einem schwierigen Menschen auskommen musst – aber wie schwierig bist du für Gott gewesen? Jeder unangenehme Mensch, den du je getroffen hast, zeigt dir objektiv, wie Gott dich früher gesehen hat. Wir müssen lernen, gegen das, was in uns nicht zu Gott passt, den ersten Schlag zu führen. Wir können Schläge, die ihm gelten, mit unserem menschlichen Wesen auffangen und damit verhindern, dass er mit Füßen getreten wird. Das meint Paulus, wenn er sagt: »... und erstatte an meinem Fleisch, was an den Leiden Christi noch fehlt, für seinen Leib ...« (Kol 1, 24).

Es ist ein Unterschied, ob ich durch Gottes Handeln in Unannehmlichkeiten gerate oder ob ich mich selbst hineinbegebe. Wenn Gott uns an einen Platz stellt, ist er der Sache problemlos gewachsen. Ganz gleich wie schwierig die Lage ist, wenn wir bereit sind Jesus Christus darin sichtbar werden zu lassen, wird sie zu einer neuen Möglichkeit, die unvergleichliche Vollkommenheit des Sohnes Gottes und seine durch und durch wahrhaftige Ausrichtung auf Gott zu zeigen. Dieser leidenschaftliche Wunsch, Christus in uns sichtbar werden zu lassen, ist das Einzige, was uns die Freude an der Bewältigung unangenehmer Lagen erhält. »So lasst euer Licht leuchten vor den Leuten ...« (Mt 5, 16). Unser Licht soll im Dunkeln leuchten; wo es hell ist, wird es nicht gebraucht. Hier auf der Erde, unter den gegebenen Umständen, müssen wir dafür sorgen, dass das Wesen des Sohnes Gottes in uns sichtbar wird, und uns dafür in Form halten.

Den Blick frei halten

... und tappt im Dunkeln ...

Als Menschen verlieren wir früh den unbefangenen Blick: Wir wissen, was wir sehen, aber wir trauen unserem unbefangenen Blick nicht und versuchen zu erkennen, was wir eigentlich sehen sollten. Damit wird unsere Sicht unsicher. Im geistlichen Bereich stellt Jesus unseren unbefangenen Blick wieder her: »Es sei denn, dass jemand von neuem geboren werde, so kann er das Reich Gottes nicht sehen« (Joh 3, 3). Paulus sagt, Gott habe ihn zu den Heiden geschickt, »um ihnen die Augen aufzutun« (Apg 26, 18). Wenn jemand sich zum Künstler ausbilden lässt, muss er als Erstes lernen die Dinge als Ganzes zu sehen, im groben Umriss, und erst danach die Einzelheiten. Die Perspektive ist dazu da, dass man das Ganze im Blick behält, während man zugleich auf die Einzelheiten achtet.

Was macht dir im Augenblick Schwierigkeiten, so dass du nicht richtig sehen kannst? Es ist darum schwierig, weil du den vergessen hast, der von Natur aus unsichtbar, aber dem geistlichen Blick sehr nahe ist:

Gott selbst. »Wir sahen dort auch Riesen ... und wir waren in unsern Augen wie Heuschrecken und waren es auch in ihren Augen« (4. Mose 13, 33). Wenn wir Gott ansehen, nehmen wir das Hindernis gar nicht wahr und auch nicht uns selbst. Dann geht es uns wie Mose: »... er hielt sich an den, den er nicht sah, als sähe er ihn« (Hebr 11, 27). Erkenne ich den unsichtbaren Gott in dem, was mir am nächsten liegt: in meiner Ernährung, meiner Kleidung, meinem Geld, meinen Freundschaften? Kann ich all das im Licht Gottes sehen? Alles, was dem Herrn Jesus von außen her begegnete, wurde verwandelt, weil er immer den Unsichtbaren sah: »Ich weiß, dass du mich allezeit hörst« (Joh 11, 42); »Ich tue allezeit, was ihm gefällt« (8, 29).

Wenn ich dem Selbstmitleid nachgebe, kann ich die richtige Sicht nicht beibehalten. »Warum muss das mir passieren?« Solche Worte verletzen Jesus, denn damit weigere ich mich bewusst »sein Joch auf mich zu nehmen« (s. Mt 11, 29). Er hat sich immer nach dem gerichtet, was sein Vater für ihn beschlossen hatte, und nie aufbegehrt. Warum dir so etwas passiert ist, kannst du nur erkennen, wenn du darin mit Jesus eins geworden bist; achte darauf, dass deine Verbindung mit ihm unbeeinträchtigt bleibt. Wenn du in Selbstmitleid verfällst und dir den Luxus erlaubst, dich zu bedauern, dann heißt das, dass du Gott vergessen hast; dann hast du vergessen, dass dir deine früheren Sünden vergeben sind und dass du den neuen Menschen anziehen sollst, der nach Gott geschaffen ist (Eph 4, 24).

»... die wir nicht sehen auf das Sichtbare, sondern auf das Unsichtbare« (2. Kor 4, 18). Um die richtige Sicht zu behalten, müssen wir auf das Unsichtbare sehen. Dann werden die äußeren Umstände zu einer großartigen Möglichkeit, die Konzentration auf die unsichtbaren Dinge zu üben. Wenn wir einmal verstanden haben, dass Gottes Anordnungen uns in den Kleinigkeiten des Alltags erreichen, ist nichts mehr unwichtig. Alles Unangenehme führt uns dazu, das wunderbare Wesen des Sohnes Gottes in dieser Sache neu sichtbar zu machen. Hat irgendetwas Gott aus deinem Bewusstsein verdrängt, obwohl dir klar war, dass das nicht richtig war? Dann hast du vergessen, dein Inneres Gott zu öffnen und vor ihm auszubreiten. Neue Möglichkeiten, Christus in uns sichtbar zu machen, sollten uns faszinieren.

Die Seele in Form halten

… und hat vergessen, dass er rein geworden ist von seinen früheren Sünden.

Jesus sagt, man müsse seine Seele verlieren, um sie zu finden: »Wer sein Leben (= Seele) verliert um meinetwillen, der wird's finden« (Mt 10, 39). Die Seele ist mein »Ich«, mein persönliches Wesen, das sich in meinem Körper äußert, meine Art die Dinge zu sehen. Wenn der Heilige Geist in meinen Geist kommt, kann ich eine neue Denk- und Sichtweise entwickeln. »Ein jeder sei gesinnt, wie Jesus Christus auch war« (Phil 2, 5 Anm.). Die Denkweise Christi ist von Natur aus ganz anders als unsere; wir müssen seine Gesinnung lernen. Das können wir nicht ohne den Heiligen Geist, aber wir können den Heiligen Geist haben und uns trotzdem weigern seine Gesinnung zu lernen. Unsere Denkweise können wir nur ändern, wenn Gott uns in einem bestimmten Punkt dazu auffordert. Vielleicht haben wir immer so weitergemacht und nicht gemerkt, dass wir unsere Ansichten ändern müssen, und dann macht uns der Heilige Geist etwas bewusst, was wir genau kennen, aber noch nie in diesem Zusammenhang gesehen haben. Dann müssen wir sofort gehorchen. Sobald wir das Licht hereinlassen, das der Heilige Geist schenkt, wird in diesem Punkt die Gesinnung Jesu in uns ausgebildet und wir lernen so zu denken wie er; aber wenn wir widersprechen und unsere alte Denkweise wieder annehmen, »betrüben« wir den Heiligen Geist. Immer wenn die äußeren Umstände sich ändern, müssen wir auch unsere Denkweise dem neu anpassen. Auch wenn die Lage noch so unangenehm ist, halte immer daran fest: »Herr, ich möchte dir in dieser Sache gern gehorchen«; *wenn wir das ehrlich sagen*, gewinnt Christus augenblicklich die Oberhand und in unserem menschlichen Geist bildet sich die Denkweise, die Jesus Ehre macht. Auch unsere Seele muss in Form bleiben, damit wir denken lernen wie Christus.

11

An der Situation wachsen

Darum, liebe Brüder, bemüht euch desto mehr, eure Berufung und Erwählung fest zu machen. Denn wenn ihr dies tut, werdet ihr nicht straucheln (2. Petr 1, 10).

Im natürlichen Leben ändern sich unsere Ziele mit unserer Entwicklung; aber im Leben des Christen ist Entwicklung ein immer deutlicheres Ausprägen des Charakters Christi. Der christliche Glaube braucht Lehren und am Anfang ist das Leben jedes Christen ziemlich gleich; aber später gibt es Unterschiede. Wir müssen darauf achten, dass wir nicht zu lange Kinder bleiben, sondern »in allen Stücken zu ihm hin wachsen« (Eph 4, 15). Wir müssen die Wahrheit in uns aufnehmen, bis sie zu einem Teil von uns wird, und dann anfangen die persönlichen Merkmale von Christen auszuprägen. Gottes Wesen zeigt sich auf verschiedene Arten, aber das eigentliche Ziel ist es, das Wesen Jesu Christi sichtbar zu machen. »... bis wir alle hingelangen zur Einheit des Glaubens und der Erkenntnis des Sohnes Gottes, zum vollendeten Mann, zum vollen Maß der Fülle Christi« (Eph 4, 13).

Wenn Jesus Christus in meinem natürlichen Leben nicht sichtbar wird, ist es meine Schuld. Dann »esse ich nicht sein Fleisch und trinke nicht sein Blut« (s. Joh 6, 53+54). So wie ich Nahrung in den Körper aufnehme und verwerte, sagt Jesus, so muss ich ihn in meine Seele aufnehmen. »... so wird auch, der mich isst, leben um meinetwillen« (57). Nahrung ist noch nicht Gesundheit und Wahrheit ist noch nicht Verbundenheit mit Gott. Die Nahrung muss durch ein gut abgestimmtes System aufgeschlossen werden, erst dann bewirkt sie Gesundheit, und so muss auch die Wahrheit dem Christen aufgeschlossen werden, bevor sie zur Verbundenheit mit Gott führt. Manchmal lesen wir die wesentlichen Aussagen und nehmen doch die Wahrheit nicht auf, die sie enthalten. Man darf einen Lehrsatz über die Wahrheit nicht für die Wahrheit selbst halten. »Ich bin ... die Wahrheit«, sagt Jesus. Lehrsätze sind unsere Art die Lebensverbindung mit ihm auszudrücken. Wenn wir das, was Jesus sagt, von ihm selbst trennen, dann führt das zu einer verdeckten Selbstgefälligkeit: Wir fühlen uns wohl in einer Lehre, die wir nie wirklich verarbeitet haben, und unser Leben entfernt sich von der Mitte, von Jesus Christus selbst.

Die Zugehörigkeit zu Gott sicher machen

Meine Brüder, Jesus Christus hat euch erwählt und berufen. Setzt alles daran, dass ihr euch dessen würdig erweist! (GN)

Fest machen heißt sich einer Sache versichern. Ich muss mir angewöhnen, mir selbst klarzumachen, dass Gott mich gerufen hat, und alle meine Möglichkeiten als Christ darauf richten seinen Auftrag auszuführen, und dazu muss mir bewusst sein, was dieser Auftrag ist: nämlich dass Gottes Sohn in mir als natürlichem Menschen sichtbar werden soll. Beachte ich die Tatsache, dass mein Körper »ein Tempel des Heiligen Geistes ist« (1. Kor 6, 19)? Wenn Christus in mir Gestalt annimmt, kann er sich dann in mir zu erkennen geben oder widerspricht mein ganzes Verhalten dem, was mein Mund sagt? Präge ich das aus, was Gott in mich legt, oder bin ich von Jesus Christus getrennt? Sobald ich irgendetwas in mich aufnehme außer ihm selbst, trennt es mich von ihm. Berichte ich von Glaubenserlebnissen, aber man erkennt mich nicht darin? Wenn ich nur von einem aufregenden Erlebnis berichten kann, dann ist kein Leben darin; es klingt falsch und es tötet mich und meine Zuhörer. Aber wenn ich mit Jesus Christus verbunden bin, erkennt man ihn in allem, was ich von ihm sage.

»... damit ihr erkennt, zu welcher Hoffnung ihr von ihm berufen seid, wie reich die Herrlichkeit seines Erbes für die Heiligen ist ...« (Eph 1, 18). Manches, was Menschen für Demut halten, ist aus der Sicht Gottes Blasphemie. Wenn man sagt: »Nein, ich bin doch kein Heiliger und ich kann die Leute nicht ausstehen, die sagen, sie wären geheiligt«, dann akzeptieren die Menschen das und meinen, es sei echte Demut, so etwas zu sagen. Aber wenn man das vor Gott sagt, ist es Blasphemie, auch wenn es noch so bescheiden klingt, denn es bedeutet: »Gott kann mich nicht so machen, wie er mich haben will.« Andere, die die Menschen für stolz halten, sind in Wirklichkeit demütiger als alle anderen: »Nichts hab ich zu bringen.«

Das Erkannte praktizieren

Denn wenn ihr dies tut ...

Dass Gott uns rettet, dafür können wir nichts tun. Aber wir müssen etwas tun, damit man es erkennt; wir müssen es »schaffen« (Phil 2, 12) — das heißt, es im realen irdischen Leben wirksam werden lassen. Tue ich das mit meinem Reden, Denken und Handeln? Wir sagen alle gern mit Rip van Winkle: »Dieses Mal zähle ich nicht.« Die Erkenntnis, dass wir bestimmte Dinge tun müssen, wenn wir in allem zu ihm hin wachsen wollen, schieben wir gern auf. »Wenn ihr dies wisst — selig seid ihr, wenn ihr's tut«, sagt Jesus (Joh 13, 17). Unser Charakter ist die Art, wie wir mit Händen und Füßen, Augen und Zunge handeln gelernt haben; und der Charakter, den wir zeigen, lässt immer die herrschende innere Einstellung erkennen. »Ist jemand in Christus, so ist er eine neue Kreatur« (2. Kor 5, 17). Wo ist die neue Kreatur? Wenn ich immer noch über alles verärgert bin und nur meinen Willen durchsetzen will, ist es Lüge zu sagen, ich sei in Christus eine neue Kreatur. Habe ich gelernt, Jesus meinen Willen unterzuordnen? Wenn unsere Beziehung zu Gott heil geworden ist, erkennen wir zum ersten Mal, wie viel Macht unser Wille hat. Durch die Sünde ist unser Wille geschwächt, aber wenn wir mit Gott verbunden sind, zeigt er uns, mit welch ungebrochener Willenskraft er uns ursprünglich geschaffen hat, und der Heilige Geist setzt diese Kraft in Bewegung. Dann müssen wir unseren Willen Jesus unterordnen, so wie er seinen Willen dem Vater untergeordnet hat. Wie konnte Jesus mit dem Vater eins sein, solange er Mensch war? Durch vollkommen Gehorsam, völlige Abhängigkeit und ständigen ununterbrochenen Kontakt.

»Wenn ihr dies tut ...« — »erweise« ich in meinem Glauben Entschlossenheit, in meiner Erkenntnis Selbstbeherrschung, in meiner Frömmigkeit Geduld? Bei der Übung dieser Eigenschaften müssten wir uns sehr viel bescheidener einschätzen. Die Aufgabe, die Gott dem Christen gibt, ist sich zuerst auf ihn zu verlassen und bescheiden in der gegebenen Lage seine Arbeit zu tun, nicht zuerst den eigenen Gedanken zu glauben und die wirkliche Situation einfach zu ignorieren. Gott weiß, wo wir sind, und gibt uns im jeweiligen Augenblick seine Weisungen. Wir sind nicht aufgerufen, Jesus im Himmel sichtbar zu machen; wir müssen das Licht im Dunkeln sein und »die Allergeringsten« (1. Kor 4, 9). Unser Platz ist im Tal, wo es Dämonen gibt, nicht auf dem Berg der Verklärung. Unten im Tal müssen wir all das üben.

Was Gott von seinen Kindern erwartet, das erspart er uns nie. »Lasst euch durch die Hitze nicht befremden, die euch widerfährt zu eurer Versuchung«, sagt Petrus. Gott leitet alles richtig; er lässt Schwierigkeiten zu, damit wir sehen, ob wir sie gut bewältigen können. »Mit meinem Gott (kann ich) über Mauern springen« (Ps 18, 30). Tue, was du sollst; es ist nicht wichtig, wie weh es tut, wenn es nur Gott die Möglichkeit gibt, sich in dir als natürlichem Menschen zu zeigen. Gott soll uns nicht wehleidig finden, sondern voll Mut und geistlicher Tatkraft und bereit, alles in Angriff zu nehmen, was er uns vorlegt, und uns so zu trainieren, dass Gottes Sohn in uns sichtbar werden kann. Vergiss nicht, dass wir nichts erleben, was Gott nicht weiß.

Was erwartest du?

... werdet ihr nicht straucheln.

Was erwartest du? Eine Möglichkeit unangemessene Erwartungen zu erkennen ist uns selbst zu fragen, was wir meinen, dass Gott tut. Eines dürfen wir nicht erwarten: Erfolg in der Arbeit für Christus. Als der Herr Jesus die Jünger auf ihre erste Evangelisationsreise schickte, waren sie danach begeistert von ihrem Erfolg: »Herr, auch die bösen Geister sind uns untertan in deinem Namen« (Lk 10, 17). Nur daran dachten sie. Aber Jesus sagte: Freut euch nicht an eurer erfolgreichen Arbeit. »Freut euch aber, dass eure Namen im Himmel geschrieben sind« (V. 20). Unsere Aufgabe ist nicht Erfolg zu haben, sondern treu zu sein.

Das Leben Jesu ist uns gegeben, damit wir wissen, welchen Weg wir gehen müssen, wenn wir zu Gottes Söhnen und Töchtern gemacht werden. Wir müssen die Vorstellung meiden, Gott wollte uns vorzeigen. Gott hat keine Museen. Wir dürfen nur ein Ziel haben, nämlich dass Gottes Sohn durch uns sichtbar wird; dann verschwinden alle Ansprüche und Forderungen an Gott. Jesus hat nie etwas von seinem Vater gefordert und wir sollen das auch nicht. Wir sollen ihm unseren Willen zur Verfügung stellen, damit er durch uns tut, was er will. »Ich weiß nicht, warum ich das auf mich nehmen sollte«: Sobald ein solcher Gedanke in uns aufkommt, sind wir nicht mehr mit Gott verbunden. Dieser Gedanke passt in keiner Weise zu Gottes Sohn, der in uns ist, und muss sofort abgewiesen werden. Bestimmte Dinge sollen nur wir erleben, aber wir brauchen es nicht, wenn wir nicht wollen.

Wenn wir uns weigern, trifft die Kränkung Christus, und von ihm werden wir nie eine Klage hören. Wir gehen dann frei aus: »Das habe ich gut gedeichselt, der dachte, er könnte mich ausnutzen. – Hast du dir die Hand verletzt?« »Das ist von dem Schlag, den du auffangen solltest; er hat mich getroffen.« Mit Gott müssen wir immer »die zweite Meile« mitgehen (Mt 5, 41). Das ist nicht unsere Pflicht; aber wenn die Pflicht an die Stelle Gottes tritt, dann sind wir in diesem Punkt keine Christen mehr. Wir sind nie verpflichtet die zweite Meile mitzugehen oder die andere Wange hinzuhalten, aber wenn wir Gott gehören, tun wir es. Gott tut es sonst mit uns; wir zwingen ihn die zweite Meile mitzugehen: Dies oder das wollen wir nicht tun, er muss es für uns tun. Sagst du zu Gott: »Solche Bedingungen lasse ich mir nicht gefallen«? Gott bestraft dich nicht; aber du wirst dir Vorwürfe machen, wenn du merkst, dass er dir eine besonders gute Möglichkeit geben wollte zu »erstatten, was an den Leiden Christi noch fehlt« (Kol 1, 24).

Ausgerechnet Petrus, der sich von seinem Herrn distanziert hat, sagt uns, wir sollten »nachfolgen seinen Fußstapfen« (1. Petr 2, 21). Petrus war durch ein ungewöhnliches und sehr trauriges Fehlverhalten mit seinem eigenen Wesen konfrontiert worden: »Simon, Simon, siehe, der Satan hat begehrt, euch zu sieben wie den Weizen. Ich aber habe für dich gebetet, dass dein Glaube nicht aufhöre. Und wenn du dereinst dich bekehrst, so stärke deine Brüder« (Lk 22, 31+32). Jetzt versteht Petrus, was Jesus da sagte, denn der Heilige Geist hat ihn daran erinnert. Folgen wir seiner unsichtbaren Spur? Wo hat Jesus seinen Fuß hingesetzt? Zu den Kranken und Traurigen, zu den Toten, den Bösen, den Pervertierten und auch zu den Guten. Er ist genau dahin gegangen, wo wir auch hingehen müssen, mit ihm oder ohne ihn, in den gewöhnlichen Alltagstrubel, der um uns ist. »Ich will die Stätte meiner Füße herrlich machen« (Jes 60, 13). Wenn wir als natürliche Menschen das neue Leben führen, das der Heilige Geist uns gibt, dann sehen wir irgendwann, dass es kein ekstatisches Aufwärtsstürmen ist, kein Laufen, ohne müde zu werden (s. Jes 40, 31), sondern ein Vorwärtsgehen mit unendlicher, stetiger, unbeschreiblicher und unüberwindlicher Geduld, so dass die Menschen merken, dass es Gottes Sohn ist, der uns durchs Leben führt.

12

Reich sein

... und so wird euch reichlich gewährt werden der Eingang in das ewige Reich unseres Herrn und Heilands Jesus Christus (2. Petr 1, 11).

Gott hat uns sein göttliches Wesen zugesagt und tatsächlich gegeben (s. V. 4); jetzt müssen wir dieses göttliche Wesen durch Übung in unser menschliches Wesen integrieren. Jesus betete, »dass sie eins seien wie wir« (Joh 17, 11), und Paulus redet uns zu, gerade in unserem praktischen Alltag die Gewohnheiten zu praktizieren, die zu einer vollkommenen Einheit mit Gott passen. Unser Körper ist ein Tempel des Heiligen Geistes (s. 1. Kor 6, 19); darin soll Jesus Christus sich zeigen und das kann er nur da, wo wir »den neuen Menschen anziehen« (s. Eph 4, 24) und dafür sorgen, dass unser Verhalten aus einer gesunden Beziehung zu ihm hervorgeht. Die Verse 3 und 4 d. 2. Petrusbriefes beschreiben, was Gott aus Liebe zu uns getan hat; danach müssen wir lernen alles, was Gott in uns gelegt hat, nach außen hin wirksam werden zu lassen. »Erweist in eurem Glauben Tugend ...« (5). »Erweisen« bedeutet, dass wir etwas tun müssen.

Erkennen, was wir haben

... und so wird euch reichlich gewährt werden der Eingang ...

Der Eingang führt über einen »neuen und lebendigen Weg« (Hebr 10, 20) und das ist Jesus Christus. Das Ziel ist Gott selbst: »Denn in ihm wohnt die ganze Fülle der Gottheit leibhaftig, und an dieser Fülle habt ihr teil in ihm« (Kol 2, 9+10). Immer wieder bleiben wir an der Grenze unseres Bewusstseins stehen und das macht uns geistlich ärmer. Wir halten uns nur an das, wovon wir wissen, dass wir es besitzen; so erkennen wir nie, wie viel wir wirklich haben. Wenn Gottes Liebe und Erhabenheit, Kraft und Macht nicht so in uns sichtbar werden, dass er geehrt wird (das braucht nicht so zu sein, dass wir es wissen), macht Gott uns verantwortlich; dann machen wir etwas falsch. Bewusstsein und Erfahrung werden leicht falsch bewertet. Wenn wir etwas Erfahrbares von Gott haben wollen, heißt das, dass wir Vorbehalte haben und ihm unseren Willen nicht ausgeliefert haben. Sobald wir das tun, trägt uns die Flut seiner Liebe direkt in die ganze Fülle Gottes hinein. »O ihr Toren, zu trägen Herzens, all dem zu glauben« (Lk 24, 25)! Wir glauben nur, was wir erlebt haben. Aber Jesus Christus können wir nie erleben, d. h. wir können ihn nie ganz in unser Inneres aufnehmen. Jesus Christus muss immer größer sein als das, was wir von ihm erleben, aber wir erleben das mit ihm, was wir glauben.

»Denn wenn dies alles reichlich bei euch ist ...« (2. Petr 1, 8). Haben wir geübt geistlich reich zu sein oder spielen wir mit Dingen, die nicht uns gehören, und betrügen uns selbst? »Dies alles« — Selbstbeherrschung, Geduld, Liebe — haben wir nicht, wenn wir nicht aus dem Heiligen Geist leben. Versuchen wir uns vorzumachen, unser Verhältnis zu Gott sei in Ordnung, obwohl wir wissen, dass es nicht stimmt? Was wir von einem Menschen erben, gehört nur uns allein und es kann sogar sein, dass jemand dadurch ärmer wird, wenn wir es nehmen. Aber wenn wir den geistlichen Reichtum nehmen, der uns gehört, nützt das allen, und wenn wir unseren Teil ablehnen, versperren wir auch anderen den Weg zu Gottes Reichtum.

»Mir ... ist die Gnade gegeben worden,... zu verkündigen den unausforschlichen Reichtum Christi« (Eph 3, 8). In unserer Gesellschaft ist es äußerst geschmacklos, über Geld zu reden. In dem oft gehörten Satz: »Das können wir uns nicht leisten« kann sich eine der schlimmsten Lügen verstecken. Dieselbe Einstellung hat sich auch im geistlichen Bereich eingeschlichen und wir halten es für ein Zeichen von Bescheidenheit, wenn jemand sagt: »Na ja, ich hab's geschafft, aber es war sehr schwierig.« Dabei gehört uns durch den Herrn Jesus die ganze Einsatzbereitschaft Gottes ohne Abstriche und er bietet alles auf, vom letzten Sandkorn bis zum entferntesten Stern, um uns zu helfen. Was macht es, wenn die Arbeitsbedingungen schwer sind? Warum sollten sie es nicht sein? Wir sind die, denen die Kraft zur Verfügung steht sie auszuhalten.

Es ist nicht zu entschuldigen, wenn wir uns wegen unglücklicher äußerer Umstände von Gott schlecht behandelt fühlen. Manches, was wir erleben, ist wirklich niederschmetternd, wie zum Beispiel das in Psalm 42 und 43 Geschilderte. Aber dann sagt der Psalmist: »... dass ich hineingehe ... zu dem Gott, der meine Freude und

Wonne ist« – nicht »mit Freuden«, sondern zu Gott, der meine Freude ist. Kein Unglück kann diesen Besitz antasten. Es gibt keine schlimmere Sünde als Selbstmitleid, denn es dient ausschließlich unserer Selbstsucht; es spiegelt uns vor, unser Ich sei im Recht. Es versperrt uns den Blick auf Gott und reizt uns ihn zu beschimpfen. Unser Leben wird arm und eng und hat nichts Schönes oder Großzügiges mehr. Nimm dich in Acht vor dem Überlegenheitsgefühl, das aus Leiden entsteht: »Ich bin so schwierig veranlagt.« Wenn wir uns den Luxus erlauben uns zu bedauern, kreisen unsere Gedanken nur noch um unsere Leiden; Gottes Reichtum erreicht uns nicht mehr und Selbstmitleid, das Wesen des Bösen schlechthin, setzt sich in uns fest und macht sich zum Herrscher.

Freude an unserem Vorrecht

... der Eingang in das ewige Reich ...

Jesus sagt: »Mein Reich ist nicht von dieser Welt. Wäre mein Reich von dieser Welt, meine Diener würden ... kämpfen ...« (Joh 18, 36), d. h. sie würden genau das tun, was jeder normale Mensch tut, aber »mein Reich ist nicht von dieser Welt«; es ist in der ewigen Wirklichkeit zu Hause. Eine Herrschaft, die nicht durch Macht aufrechterhalten wird, können wir uns nicht vorstellen und man vergisst leicht, dass das Reich Jesu Christi ganz anders, unirdisch ist. Das Reich Jesu Christi ist nicht auf Grundsätzen aufgebaut, die dem natürlichen Menschen einleuchten, sondern auf geistlichen Gesetzmäßigkeiten, und Grundsätze, die er nicht anerkannt hat, dürfen wir auch nicht anerkennen. Wenn wir geistlich nicht weiterkommen, kommt das nicht daher, dass wir selbst nicht mehr »unirdisch« sind? Sind wir bereit der Kritik des Heiligen Geistes zu gehorchen, wenn er den geistlichen Standpunkt Jesu auf unser praktisches Leben anwendet? Wenn ja, werden wir von jeder Warte aus für dumm gehalten werden, nur nicht von der des Heiligen Geistes. Wir sollen in der Welt, aber nicht von der Welt sein (s. Joh 17, 11+16). Erlauben wir, dass Gottes Licht auf uns scheint wie auf Jesus selbst? Erkennt man in der Gesamttendenz unseres Lebens die Merkmale, die an ihm zu sehen waren? »Das Reich Gottes ist inwendig in euch« (Lk 17, 21 Anm.): Jesus Christus ist der König und das Reich. »Das ist aber das ewige Leben, dass sie dich ... erkennen« (Joh 17, 3). Das ewige Leben ist Gott und Gott ist ewiges Leben, und durch die Versöhnung, das Einswerden mit Gott, schafft Jesus dieses Leben in uns. Durch die Heiligung treten wir in das Reich der vollkommenen Einheit mit Jesus Christus ein; so sind wir durch den Glauben genau so wie er. Er ist uns »gemacht ... zur Weisheit und zur Gerechtigkeit und zur Heiligung und zur Erlösung« (1. Kor 1, 30). Haben wir gelernt uns an diesem besonderen Vorrecht zu freuen?

Ihn persönlich erkennen

... unseres Herrn und Heilands Jesus Christus.

Wir erleben Jesus Christus zuerst als Heiland und dann als Herrn, aber wir wissen, dass er in erster Linie Herr und dann Heiland ist. »Ihr nennt mich Meister und Herr und sagt es mit Recht, denn ich bin's auch« (Joh 13, 13). Aber ist er es wirklich? Der Heilige Geist führt uns dahin, dass wir mit wachsendem Erstaunen immer mehr wahrnehmen, was Jesus für uns persönlich ist, nämlich unser Herr und unser Lehrer. Wenn der Heilige Geist in uns kommt, werden wir zu Menschen, in denen man Jesus erkennt, nicht zu Wundertätern. Dabei geht es nicht darum, was Jesus tut, sondern wie er ist: »... und werdet meine Zeugen sein« (Apg 1, 8). Er hat uns so uneingeschränkten Zugang zu seinem Reich, also zur Einheit mit ihm selbst verschafft, dass er dann völlig zufrieden mit uns ist und Freude an uns hat. Wenn Gott mit uns zufrieden ist, fängt er an, allem, was uns scheinbar reich macht, den Reiz zu nehmen. Wenn sein Wesen in uns ist, lässt Gott alle anderen Quellen für uns austrocknen, bis wir gelernt haben, dass alles, was uns wirklich Leben gibt, von ihm kommt. Er lässt alle natürliche Moral verkümmern; er zerstört alles Vertrauen auf unsere Fähigkeiten, bis wir aus Erfahrung lernen, dass wir unsere Lebenskraft aus keiner anderen Quelle beziehen dürfen als aus dem riesigen Vorrat des »unausforschlichen Reichtums Christi« (s. Eph 3, 8). Wenn du eine Durststrecke durchläufst, danke Gott dafür! Und versuche nicht die Pfützen und den Schlamm am Grund des Brunnens zu sammeln, denn die ganze Allmacht und Liebe Gottes steht dir zur Verfügung. Wir haben unbegrenzte Reserven, das ist der unausforschliche Reichtum Christi! Aber manche von uns reden so, als ob unser himmlischer Vater uns mit einem Taschengeld abgespeist hätte!

Was können wir dieses Jahr zu Weihnachten schenken? Wir sollten uns wie Multimillionäre fühlen. Äußerlich haben wir vielleicht nur ein paar Pfennige, aber geistlich können wir die ganze Liebe Gottes an andere verschenken.

»Wer an mich glaubt ..., von dessen Leib werden Ströme lebendigen Wassers fließen« (Joh 7, 38). Wenn du dich von der Quelle abwendest und das ansiehst, was von dir ausgeht, was Gott durch dich tut, dann trocknet die Quelle irgendwann aus und du sitzt vor dem Eingang und jammerst: »Es ist entsetzlich schwer als Christ zu leben!« Dreh dich um und geh hinein in das Königreich, achte auf die Quelle, auf Christus selbst, dann erlebst du die unbeschwerte Freude zu wissen, dass du Gott selbst siehst. Lass dich nie verblüffen von dem, was Gott tut, sondern konzentriere dich ganz auf ihn selbst, dann kann er immer neue überraschende Dinge durch dich tun.

Nimmst du Gott etwas übel? Ziehst du seelisch und geistlich die Mundwinkel herunter und bedauerst dich? Dann hast du Gott den Rücken zugekehrt und entfernst dich von ihm. Geh sofort zu Gott, lass dich ganz und gar von seinem liebevollen Handeln prägen, dann wird er ununterbrochen Gutes durch dich tun. Wenn du dann in den Himmel kommst, erkennst du, dass Gott durch dich Trauernde und Verzweifelte geheilt und Gefangene befreit hat — aber nicht, wenn du rebellische Gedanken hegst: »Gott ist ungerecht«. Wem Jesus Christus geholfen und die Wunden verbunden hat, der hat kein Selbstmitleid mehr.

So wie er

Erfahrungen der Christen

Das Nächstliegende tun   117
Nichts mehr davon!   122
Ankommen   128
Tu etwas!   134
Du brauchst nicht mehr zu sündigen   139
Und dann?   146
Disziplin   153
Nicht nachlassen   159
Liebe zu Gott einüben   164

13

Das Nächstliegende tun

Bittet, so wird euch gegeben; sucht, so werdet ihr finden; klopft an, so wird euch aufgetan (Mt 7, 7).

Eine Erfahrung ist nichts, was man durchdenkt, sondern etwas, was man durchlebt. Die Bibel ist lebensnah und befasst sich mit Tatsachen, nicht mit Lehrsätzen, und das Leben ist nicht logisch. Logik ist nur eine Methode, mit bekannten Tatsachen umzugehen; wenn wir aber diese Methode auf Tatsachen übertragen, die wir nicht kennen, wenn wir versuchen Gott oder andere Menschen logisch zu verstehen, dann sehen wir, dass das Leben selbst uns zu anderen Schlüssen führt. Gott achtet darauf, dass wir uns in allen Lebensbereichen bewähren. Wir dürfen uns nicht die Lebensbereiche aussuchen, in denen wir meinen als Christen leben zu können, oder einen anderen Bereich ausschließen, weil es so schwierig ist, darin Christ zu sein. Christliche Erfahrung bedeutet, dass wir das ganze Leben mit offenen Augen betrachten, ohne ideologische oder konfessionelle »Scheuklappen«, die ganze Gruppen von unangenehmen Fakten ausschließen.

Unser Glaube muss sich in allen Lebensbereichen bewähren. Was Jesus lehrt, ist so einfach, dass man es normalerweise gar nicht beachtet; nur wer ratlos ist, fragt danach. Zum Beispiel sagt Jesus: »Bittet, so wird euch gegeben« (Mt 7,7). Wenn wir irgendwelche »kirchlichen Scheuklappen« tragen und das, was wir nicht sehen wollen, einfach ausblenden, bedeuten uns diese Worte nichts. »In meiner kleinen frommen Schublade lebe ich sehr gut.« Das ist keine christliche Erfahrung. Wir müssen das ganze Leben wahrnehmen, so wie es ist und ohne Angst. Das Problem mit der christlichen Erfahrung taucht nie während des Erlebnisses auf. Erfahrung ist ein Durchgang, kein Endziel.

Es gibt bestimmte Stadien christlicher Erfahrung; aber dein Glaube darf nie von einer Erfahrung abhängen. Konzentriere dich auf Christus; er hat dir auch die Erfahrung gegeben. Wenn du gern von deinen Glaubenserlebnissen erzählst, sei hart gegen dich selbst. Deine Erlebnisse sind nur etwas wert, wenn sie dich bei der Quelle halten, und die ist Jesus Christus. Es ist ungeheuer ermutigend, einen gereiften Christen kennen zu lernen, einen Menschen, der umfassende Erfahrung hat und der unbeirrt darauf achtet, sein Vertrauen auf den zu setzen, von dem die Erfahrung kommt.

Das Nächstliegende ist zu bitten, wenn man noch nichts bekommen hat, zu suchen, wenn man nichts gefunden hat, und anzuklopfen, wenn niemand aufmacht.

»Bittet, so wird euch gegeben«

Nichts ist schwieriger als Bitten. Wir wünschen uns etwas, verlangen danach, warten sehnsüchtig darauf, aber bitten tun wir erst, wenn es nicht mehr anders geht. Wir können uns nicht selbst Gottes Wirklichkeit aussetzen, wann immer wir möchten — überraschend und erschreckend kann uns plötzlich aufgehen, dass wir den Heiligen Geist nicht haben und nichts wissen von dem, was Jesus Christus uns eröffnet. Das Erste, was man erkennt, wenn man die Wirklichkeit sieht, ist dass wir arm sind, keine Weisheit, keinen Heiligen Geist, keine Kraft haben, nicht die Hand Gottes spüren. »Wenn es aber jemandem unter euch an Weisheit mangelt, so bitte er Gott...« (Jak 1, 5). Aber du musst sicher sein, dass dir wirklich Weisheit fehlt. Hast du schon einmal aus totaler seelischer und geistlicher Armut heraus gebetet?

Wenn du merkst, dass dir etwas fehlt, dann weil du mit der geistlichen Wirklichkeit in Berührung gekommen bist. Setze nicht wieder die Scheuklappen deiner Vernunft auf: »Wir wollen nur das reine Evangelium hören«; sag nicht, »ich müsste heilig sein, das gibt mir das Gefühl totaler Armut und es ist nicht schön, sich so arm zu fühlen.« Manche Menschen sind gerade so arm, dass sie ihre Armut ausnutzen können, und manche sind auch auf geistlichem Gebiet so. »Bitten« heißt »betteln«. Ein Bettler bittet nicht, um sich Wünsche zu erfüllen, sondern nur, weil er so verzweifelt und unerträglich arm ist. Sage nicht, wenn man nicht bittet, bekäme man nichts; das ist Selbstbetrug (s. Mt 5, 45). Aber man nimmt nie etwas bewusst von Gott an, wenn man nicht gelernt hat ihn zu bitten. Wenn wir bitten, sind wir wirklich Gottes Kinder und dann erkennen wir an und verstehen es auch geistlich: »Alle gute Gabe und alle vollkommene Gabe kommt von oben herab, von dem Vater des Lichts« (Jak 1, 17).

»Ihr bittet und empfangt nichts«, sagt Jakobus, »weil ihr in übler Absicht bittet« (Jak 4, 3). In übler Absicht bitten wir, wenn wir entschlossen sind so lange zu bitten, bis Gottes Geduld erschöpft ist und er uns erlaubt zu tun, was wir wollen. Solches Bitten ist sentimentales Wunschdenken. Auch wenn wir Dinge vom Leben erwarten und nicht von Gott, bitten wir in übler Absicht, denn dann geht es uns um Selbstverwirklichung und das steht im Gegensatz zum christlichen Leben. Je mehr wir uns selbst verwirklichen, um so weniger bitten wir Gott. Erwarten wir etwas vom Leben oder von Gott? Wenn wir zu eigenen Zwecken bitten, bitten wir nicht aus Armut, sondern aus Begehrlichkeit und dann bekommen wir nichts.

»Sucht, so werdet ihr finden«

Fang an zu suchen, konzentriere dich auf diese eine Sache. Hast du Gott schon einmal ernsthaft gesucht oder hast du nur einmal nach schmerzhaften Gewissensbissen halbherzig zu ihm gerufen? Suche konzentriert, dann wirst du finden. Sich konzentrieren heißt auf alles andere verzichten. »Wohlan, alle, die ihr durstig seid, kommt her zum Wasser!« (Jes 55, 1) Bist du durstig oder bist du zufrieden und so gesättigt von deinen Erfahrungen, dass du nichts mehr von Gott willst? Wenn du deinen Glauben auf Erfahrungen aufbaust, kommt sofort ein harter, verurteilender Ton hinein.

Was du gefunden hast, kannst du anderen nicht geben, aber du kannst ihren Wunsch nach dieser Sache wecken. Das meint Jesus, wenn er sagt: »... und werdet meine Zeugen sein« (Apg 1, 8): An dir wird sichtbar, dass du mit Jesus Christus eins bist, während er durch dich seinen Willen in allen Einzelheiten ausführt.

»Klopft an, so wird euch aufgetan«

»Naht euch zu Gott.« Die Tür ist geschlossen und dein Herz schlägt heftig beim Anklopfen. »Reinigt die Hände« — klopfe ein wenig lauter. Jetzt siehst du, wo du schmutzig bist. »Heiligt eure Herzen, ihr Wankelmütigen« — jetzt wird es noch persönlicher, es ist dir bitterernst, du bist zu allem bereit. »Jammert und klagt und weint.« Hat dir dein innerer Zustand vor Gott schon einmal Leid getan? Wenn du dahin kommst, hast du keine Spur von Selbstmitleid mehr, nur Erschrecken und überwältigende Traurigkeit, dass du so bist. »Demütigt euch vor dem Herrn« (Jak 4, 10). Es ist erniedrigend, bei Gott anzuklopfen, du musst mit dem gekreuzigten Verbrecher und mit dem listigen Wirt zusammen klopfen — aber: »... wer da anklopft, dem wird aufgetan.«

14

Nichts mehr davon!

Darum: Ist jemand in Christus, so ist er eine neue Kreatur; das Alte ist vergangen, siehe, Neues ist geworden (2. Kor 5, 17).

Christliche Erfahrung muss auf die gegebenen Tatsachen angewendet werden, nicht auf unsere Wunschträume. Wir können wunderbar in unserem eigenen frommen Umfeld leben, solange Gott uns nicht stört; aber Gott hat eine sehr unangenehme Art unser Nest zu zerstören und Tatsachen herbeizuführen, denen wir uns stellen müssen. Es ist die Alltagswirklichkeit, die Probleme schafft: die Menschen, die wir heute treffen, unsere augenblicklichen Lebensumstände, das, was wir gerade in uns selbst erkennen; und erst wenn sich unser Glaube in der aktuellen Lage bewährt und das Aktuelle in Wirkliches verwandelt, haben wir christliche Erfahrung. Erfahrung ist das, was man durchlebt.

Sinnlose Feierlichkeit

Warum fasten wir und die Pharisäer so viel, und deine Jünger fasten nicht? (Mt 9, 14)

Als die Jünger kritisiert wurden, weil sie kein Fasten und keine Zeremonie einhielten, hat Jesus sich nicht dafür entschuldigt. Er sagte nur: Sie sind nicht in trübsinniger Stimmung. »Wie können die Hochzeitsleute Leid tragen, solange der Bräutigam bei ihnen ist?« (Mt 9, 15) Der Herr Jesus hat sich nie bemüht, die Pharisäer nicht zu verletzen, und hat auch nicht darauf geachtet, dass seine Jünger das nicht täten; aber er hat nie jemand ein Hindernis in den Weg gelegt. Was die Pharisäer an Jesus so schwer verstehen konnten, war seine Unbeschwertheit im Umgang mit Dingen, die sie selbst geradezu abstoßend feierlich behandelten. Auch was die frommen Leute zur Zeit des Paulus verwirrte, war seine nicht zu unterdrückende Heiterkeit; alles, was ihnen so ernst war, betrachtete er fröhlich und ungezwungen. Nur eine einzige Sache hat Paulus ernst genommen, und das war seine Beziehung zu Jesus Christus. Damit war es ihm ernst, aber sie war den anderen vollkommen gleichgültig.

Ehrfurcht und Feierlichkeit sind nicht dasselbe. Feierlichkeit ist oft nur eine fromme Verkleidung für eine irdische Gesinnung. Wenn Feierlichkeit nicht Ehrfurcht vor Gott ausdrückt, ist sie völlig wertlos. Die Pharisäer fühlten sich in ihrer zeremoniellen Frömmigkeit durch das soziale Verhalten Jesu schwer gekränkt (s. Mt 11, 19). All ihrem feierlichen Zeremoniell hat er kaum Beachtung geschenkt, aber eines hat ihm nie gefehlt: Ehrfurcht. Der Glaube an Jesus Christus ist der Glaube eines kleinen Kindes. An einem Nachfolger Jesu ist nichts Gekünsteltes, er ist wie ein kleines Kind, erstaunlich einfach, aber voll tiefer Wahrheit. Viele von uns sind nicht kindlich genug, sondern eher kindisch. Jesus sagt: »Wenn ihr nicht … werdet wie die Kinder …« (Mt 18, 3).

Es gehört zu unserer geistlichen und charakterlichen Erziehung zu beobachten, wie Gott mit Vorurteilen umgeht. Wir bilden uns ein, Gott legte besonderen Wert auf unsere Vorurteile, aber wir erheben unsere Vorstellungen und Vorurteile auf den Thron. Wir sind ganz sicher, dass Gott unsere Vorstellungen nie so behandelt, wie er es natürlich mit denen von anderen tun muss. »Mit anderen Menschen muss Gott sehr streng sein, aber er weiß natürlich, dass meine Vorstellungen richtig sind, sie sind ja von ihm.« Da müssen wir lernen: Nichts davon! Gott bestätigt unsere Vorurteile nicht, sondern löscht sie systematisch aus, indem er sie ignoriert. Gott stellt unsere Vorurteile bloß, er durchkreuzt sie durch sein Handeln. Gott findet nichts wichtig, was wir ihm bringen. Nur eines ist ihm wichtig, nämlich dass wir ihm bedingungslos zur Verfügung stehen.

Nutzlose Kleidung

Niemand flickt ein altes Kleid mit einem Lappen von neuem Tuch; denn der Lappen reißt doch wieder vom Kleid ab, und der Riss wird ärger (Mt 9, 16).

Die Erfahrung, wie der Heilige Geist unsere natürlichen Stärken entwertet, wenn er in uns kommt, ist niederschmetternd. Er stärkt oder veredelt nichts, was wir an guten Eigenschaften geerbt haben; alles wird zerstört, bis wir lernen, dass wir »auch der besten natürlichen Veranlagung nicht trauen können, sondern nur Jesus selbst«. Es ist sehr lehrreich zu sehen, wie natürliche Stärken »einbrechen«. Der Heilige Geist stellt diese Werte nicht wieder her, einfach weil keine Veranlagung auch nur annähernd den Anspruch Jesu Christi erfüllen kann. Gott stärkt nicht unsere guten Eigenschaften und verwandelt sie auch nicht in noch Besseres, er schafft uns innerlich völlig neu. »Und was an Gutem in uns lebt, ist nur von ihm.« In dem Maß, in dem wir unser Wesen mit dem neuen Leben in Einklang bringen, das Gott in uns legt, werden nicht unsere natürlichen Qualitäten sichtbar, sondern die Eigenschaften, die den Herrn Jesus auszeichnen. Das Übernatürliche wird zum Natürlichen. Das Wesen, das Gott in uns legt, entwickelt eigene Eigenschaften, nicht die von Adam, sondern die von Jesus Christus. Jesus Christus kann man nicht mit Begriffen von natürlichen Werten beschreiben.

Gib dem Widerstand des Natürlichen nicht nach, wenn es in Geistliches verwandelt werden soll: »Ich habe nichts dagegen Christ zu sein, wenn ich dabei natürlich bleiben und aus eigenem Antrieb Christ sein kann; und ich muss Gott sagen können, wie er mein Temperament, meine Vorlieben und meine Erziehung berücksichtigen soll.« Wenn in unserem geistlichen Leben Stolz oder Angeberei ist, Vorurteile oder besondere Ansprüche auf irgendeinem Gebiet, die aus unserem natürlichen Wesen stammen, dann ist das, wie wenn man einen neuen Flicken auf ein altes Kleid näht. Alles muss weggeworfen werden. »Das Alte ist vergangen«, wenn jemand mit Christus lebt. Der Heilige Geist lässt die »neue Kreatur« in uns sichtbar werden und irgendwann kommt eine Zeit, in der von der alten Sichtweise nichts mehr übrig ist. Die alte Feierlichkeit, die frühere Einstellung zu den Dingen, das Vertrauen auf unsere natürlichen Werte verschwindet und ein völlig neues Leben fängt an sich zu zeigen; »aber das alles von Gott« (2. Kor 5, 18). Manche von uns brauchen dringend neue Kleider! Das Hauptmerkmal Christi und auch seiner Nachfolger ist ein unabhängiger Charakter.

Unbrauchbare Behälter

Man füllt auch nicht neuen Wein in alte Schläuche; sonst zerreißen die Schläuche, und der Wein wird verschüttet, und die Schläuche verderben. Sondern man füllt neuen Wein in neue Schläuche, so bleiben beide miteinander erhalten (Mt 9, 17).

Das alte System war eindeutig von Gott eingesetzt. Alle Bestimmungen, die die Pharisäer einhielten, *beruhten auf dem Gesetz*, das Gott gegeben hatte; aber die Pharisäer hatten sich zu Nachfolgern im Amt des Allmächtigen erklärt und seinen Platz eingenommen. Es besteht immer die Gefahr, dass sich Pharisäertum entwickelt. Heute gibt es das im evangelikalen Bereich: Menschen machen sich, was die Lehre angeht, zu kleinen Göttern über ihr Kirchenvolk.

Die Pharisäer stellten sich das Reich Gottes so vor, dass es bestimmten Menschen zustünde, die Gott besonders liebte, und dass diese wenigen Auserwählten seine Gesetze praktizieren sollten. Jesus sagt aber, dass das Reich Gottes aus Liebe besteht. »Wie wunderbar einfach!«, sagst du. Aber wo soll man anfangen? Wie bekommt man die Liebe, die keine Begehrlichkeit kennt, keinen Egoismus, keine Empfindlichkeit gegen Sticheleien, die »sich nicht erbittern lässt, das Böse nicht zurechnet, sondern langmütig und freundlich ist« (s. 1. Kor 13, 4+5)? Es gibt nur eine Möglichkeit: Gott muss seine Liebe »ausgießen in unsere Herzen« (Röm 5, 5), bis von unserer alten Einstellung nichts mehr übrig ist.

Gottes Liebe gibt uns eine erstaunlich friedfertige innere Haltung zu Jesus Christus; aber wenn wir diese Friedfertigkeit in einen »Schlauch« füllen und einem befreundeten Menschen geben wollen, dann platzt der Schlauch und der Wein läuft aus. Wir dürfen uns nicht um die Erscheinungsform kümmern, sondern müssen uns auf die Quelle konzentrieren. Da sagen wir: »Nein, ich muss für ein gutes Ergebnis sorgen, ich will versuchen Segen zu bringen.« Aber unsere Aufgabe ist es auf die Quelle zu achten, auf Jesus Christus, und ihn persönlich, leidenschaftlich und treu zu lieben; dann sorgt er für das Ergebnis. Das ist dann kein neuer Wein in alten Schläuchen, sondern neuer Wein, der sich selbst seinen Behälter schafft. Ist die Liebe, die man an uns sieht, Gottes Liebe oder kommt sie aus unserem natürlichen Wesen? Gott gibt uns nicht die Kraft, so zu lieben wie er; Gottes Liebe, das Wesen Gottes selbst, beherrscht uns, und er liebt durch uns. Wie viele von uns versuchen Vorsehung zu spielen! »Das muss ich unbedingt tun und diese Person darf es nicht tun« — und Gott zieht sich zurück und lässt uns machen, was wir wollen. Wenn wir sagen: »Aber es ist doch vernünftig, dies oder das zu machen«, dann machen wir unsere Vernunft zum allmächtigen Gott und Gott zieht sich ganz zurück. Dann kommt er nach einer Weile wieder und fragt uns, ob wir zufrieden sind. Von diesem Verhaltensmuster darf nichts übrig bleiben. Gott schafft uns innerlich völlig neu, bis »alles von Gott« ist. Es wäre gut, wenn Gott uns die Fähigkeit gäbe, ihm nicht immer helfen zu wollen — und wenn wir ihm erlaubten mit uns zu tun, was er möchte.

15

Ankommen

Kommt her zu mir, alle, die ihr mühselig und beladen seid; ich will euch erquicken (Mt 11, 28).

Wo Sünde und Sorgen sich in Freiheit und Freude verwandeln

Kommt her zu mir ...

Auf was es im Leben wirklich ankommt, das ist erstaunlich wenig, und auf alle diese Fragen ist die Antwort: »Kommt her zu mir.« Nicht: »Tu das« und »tu dies nicht«, sondern »komm«. »Kommt her zu mir, alle, die ihr mühselig und beladen seid ...« — was heißt »mühselig«? Das Wort beschreibt Menschen, die spüren, dass ihre Wünsche und Ideale keine Verwirklichung finden und das verursacht einen Schmerz, der ihr ganzes Leben belastet, wie der Vers es beschreibt. Vielleicht sagst du: »Ich habe über die Heiligung nachgedacht und wie Gott Menschen von Sünde befreit, ihnen den Heiligen Geist gibt und aus dem Tod Leben macht« — aber hast du es tatsächlich erlebt? Bist du wirklich frei von der Sünde und ihrer Belastung, von Geiz und Gehässigkeit? Ist wirklich nichts mehr da, was dich Christus unähnlich macht? Wenn es anders ist, fehlt dir die wesentliche Erfahrung des Christen. »Kommt her zu mir«, sagt Jesus, und indem du zu ihm gehst, wird dein tatsächliches Leben mit der Wahrheit, die Jesus uns zeigt, in Übereinstimmung gebracht. Dann tust du wirklich nichts Böses mehr und leidest nicht mehr darunter und dann fängt in dir der göttliche Lobgesang an; du stellst fest, dass er dich von einem Egoisten und Versager in sein Kind verwandelt hat. Aber wenn du diese Erfahrung noch nicht wirklich gemacht hast, dann musst du zu Jesus gehen. An ihm persönlich entscheidet sich alles.

Bist du schon einmal zu Jesus gegangen? Wenn du einmal darauf achtest, wie eigensinnig dein Fühlen und Denken ist, dann siehst du, dass du alles andere eher tun willst als gerade dies: als Kind zu ihm kommen. Sei so »dumm« und gehe, verpflichte dich zu tun, was Jesus sagt. Gehe, das bedeutet, dass wir in einer willentlichen Entscheidung alles loslassen und an Jesus übergeben. Ganz unerwartet ist oft diese leise Stimme von unserem Herrn: »Kommt her zu mir.« Die persönliche Verbindung mit Jesus ändert alles. Unseren Sünden, Schmerzen und Schwierigkeiten begegnet er mit diesem einen Wort: »Komm«.

»Ich will euch erquicken.« Wörtlich heißt es: Ich will euch Ruhe geben. Ruhe kann auch die vollkommene Ausgewogenheit der Bewegung sein. »Ich will euch Ruhe geben«, das heißt: Ich will euch stabil machen. Nicht: »Ich will dich zu Bett bringen, deine Hand halten und dir Schlaflieder singen«, sondern: »Ich will dich herausholen aus der Apathie und Erschöpfung, du sollst nicht mehr zu Lebzeiten halb tot sein; ich will dich mit Lebensgeist erfüllen, so dass die vollkommene Ausgewogenheit deiner Aktivitäten dich stabil hält.« Hier ist nicht an einen Invaliden im Krankenstuhl gedacht, sondern an ein so durch und durch gesundes Leben, dass alles im Gleichgewicht ist; da gibt es keine Erschöpfung mehr. Körperliche Gesundheit ist etwas Schönes, denn sie ist das Gleichgewicht zwischen unserer Lebenskraft und den Umständen, in denen wir uns befinden. Krankheit bedeutet, dass die äußeren Umstände für unsere innere Kraft zu schwer werden. Im Seelenleben ist es auch so. Niemand ist von Natur aus ein guter Mensch. Vielleicht sind wir von Natur aus unschuldig, aber Unschuld kann auch ein Hindernis sein, denn sie ist eigentlich nur Unwissenheit. Ein guter Charakter kann sich nur gegen Widerstand entwickeln. Alles in uns, was nicht Teil des guten Charakters ist, steht seiner Entwicklung entgegen. Sobald wir kämpfen, treffen wir eine moralische Entscheidung. Auch geistlich ist es so: Alles, was nicht geistlich ist, wirkt zerstörerisch. »In der Welt habt ihr Angst«, sagt Jesus; »aber seid getrost, ich habe die Welt überwunden« (Joh 16, 33). Was wir brauchen, sind Mut und Tatkraft in geistlichen Dingen. Wir bedauern uns allzu oft selbst und reden pathetisch davon, »Gottes Willen zu ertragen«. Wo ist da die vitale, würdevolle Kraft des Sohnes Gottes? »Kommt her zu mir ..., ich will euch erquicken«, d. h. ich will euch so mit Leben erfüllen, dass euer vollkommenes, ausgewogenes Handeln euch stark macht. Jesus will in uns die jeweilige Erfahrung mit der Wahrheit selbst zur Deckung bringen; das bedeutet, dass das Leben Jesu selbst sich in unserem täglichen Leben zeigt, wenn wir uns mit seiner Kraft der Situation stellen. Glaube ist nicht nur eine

Frage des Denkens; es gehört zu seinem Wesen, dass er sich bewähren muss. Wie viele von uns »sparen« für schlechte Zeiten? Jedes Mal wenn unser Glaube sich in Schwierigkeiten bewährt, gewinnen wir etwas für unser himmlisches »Konto«, und je mehr Probleme wir so bewältigen, um so reicher werden wir in Gott.

Wo der Egoismus verschwindet und das echte Interesse erwacht

Sie gingen mit ihm ... (Joh 1, 39 GN)

»... und blieben diesen Tag bei ihm« (39): Manche von uns haben das praktiziert; aber dann ist ihnen die äußere Wirklichkeit bewusst geworden, der Egoismus war wieder da und das Bleiben bei ihm war vorbei. Es gibt keine Situationen, in denen wir nicht bei Jesus bleiben könnten. Wir sollten lernen in jeder Lage und an allen Orten in ihm zu bleiben.

»Du bist Simon ...; du sollst Kephas heißen ...« (42). Jesus schreibt unseren neuen Namen dahin, wo er unseren Stolz, unsere Selbstzufriedenheit und Selbstsucht ausgelöscht hat. Bei manchen von uns steht der neue Name aber nur an einzelnen Stellen. Wenn wir geistlich in Hochform sind, kann man uns für hochkarätige Heilige halten, aber wenn die Stimmung umschlägt, darf uns niemand begegnen. Bei einem Nachfolger Jesu steht der neue Name überall, nichts anderes ist zu sehen; Egoismus und Stolz sind ganz ausgelöscht. Stolz bedeutet, dass man sich selbst zum Gott erhebt, und das tut heute nicht mehr nur der Pharisäer, sondern auch der Zöllner: »Ach nein, ich bin doch kein Heiliger.« So zu reden entspricht dem menschlichen Stolz, aber unbewusst beleidigt man damit Gott. Es bedeutet, dass ich nicht glaube, dass Gott mich gut machen kann. Wenn ich kein Heiliger bin, dann entweder, weil ich nicht will, oder weil ich nicht glaube, dass Gott mich dazu machen kann. »Ich fände es gut«, sagen wir dann, »wenn Gott mich rettete und dann gleich in den Himmel holte.« Genau das tut er! »... und wir werden zu ihm kommen und Wohnung bei ihm nehmen« (Joh 14, 23): der dreieinige Gott wohnt bei dem Christen. Glauben wir das? Es ist eine Willensfrage. Entscheide bewusst, Jesus alles tun zu lassen, stelle keine Bedingungen, dann nimmt er dich mit zu sich nach Hause, nicht nur für einen Tag, sondern für immer. Dann verschwindet der Egoismus und es bleibt nur das echte Interesse, das dich mit Jesus vereint.

Wo persönliche Vorlieben aufhören und Hingabe an Christus wächst

Folgt mir nach (Mk 1, 17).

Wenn du wirklich mit Jesus gehst, merkst du, dass er deine natürlichen Neigungen überhaupt nicht beachtet. Eines der größten Hindernisse auf dem Weg zu Jesus ist das Gerede von unserem Temperament. Ich habe noch nie erlebt, dass Gottes Geist das Temperament eines Menschen berücksichtigt hätte — aber immer wieder erlebe ich, dass Menschen sich von ihrem Temperament und ihren persönlichen Neigungen davon abhalten lassen zu Jesus zu kommen. Wir müssen lernen, dass Jesus

Christus unsere persönlichen Vorlieben nicht wichtig findet. Der Gedanke, sie wären ihm wertvoll, erwächst aus der Vorstellung, wir müssten unsere Begabungen Gott zur Verfügung stellen. Was uns nicht gehört, können wir aber nicht weggeben. Das Einzige, was ich Gott geben kann, ist mein »Selbstbestimmungsrecht« (s. Röm 12, 1). Wenn ich Gott das gebe, dann führt er einen göttlichen Versuch mit mir durch und Gottes Versuche gelingen immer. Das hervorstechende Merkmal eines Christen ist ein unabhängiger Charakter. Gottes Geist ist in dem Christen wie eine Quelle, die ständig frisches Wasser liefert. Wenn der Christ einmal verstanden hat, dass Gott seine Lebensumstände lenkt, dann jammert er nicht mehr, sondern überlässt sich Jesus ohne Vorbehalte. Erhebe das, was du erlebst, nie zum Prinzip; lass Gott mit anderen so individuell umgehen wie mit dir.

»Kommt her zu mir.« Bist du schon gegangen? Willst du jetzt gehen? Wenn du gehst und dich Jesus zur Verfügung stellst, dann wird er durch dich auch zu anderen sagen: »Komm.« Wenn du durch einen Menschen, der Gott gehört, zu Jesus Christus und zu Gottes Wahrheit gekommen bist, dann denkst du gar nicht an diesen Menschen, denn er ist so völlig eins mit Jesus, dass der Gedanke an ihn selbst sich nie aufdrängt. So kommen auch andere nicht durch dich zu Jesus, sondern er selbst ruft sie durch dich.

Leitet dein Christsein diesen Ruf Jesu an andere weiter: »Komm«?

16

Tu etwas!

So wendet alle Mühe daran ... (2. Petr 1, 5)

Durch Gottes Zusagen haben wir sein Wesen bekommen (s. 4) und jetzt, sagt Petrus, »wendet alle Mühe daran und erweist ...«. Konzentriert euch und entwickelt Gewohnheiten. Niemand wird mit Gewohnheiten geboren, wir müssen sie ausbilden, und am leichtesten geht das durch Nachahmung. Wenn wir damit anfangen, tun wir es bewusst. Es gibt Zeiten, da ist uns bewusst, dass wir besser, geduldiger und mehr auf Gott ausgerichtet werden, aber das ist nur eine Übergangszeit; wenn wir da stehen bleiben, werden wir zu eingebildeten Tugendbolden.

Alltagsarbeit

Drücken wir uns vor eintöniger, mühsamer, unbeachteter Arbeit? Diese Arbeit ist der Prüfstein unseres Charakters. Anständig zu sein ist mühsam. Notwendigkeit ist keine moralische Qualität; Anstand kann nur aus Konflikten entstehen. Ein guter Mensch ist der, der im Zwiespalt »Tugend erwiesen« (5) hat, nicht aus seiner menschlichen Entschlossenheit, sondern aus Gottes Wesen, das in ihm ist.

Die größte Schwierigkeit in unserem geistlichen Leben ist, dass wir etwas Großartiges tun möchten. Jesus »nahm einen Schurz …« (Joh 13, 4). Wir sind nicht als Ausstellungsstücke gedacht; wir sollen Alltagsmenschen im gewöhnlichen Leben sein, an denen man sieht, wie wunderbar und liebevoll Gott handelt. Die große Gefahr für uns Christen ist, dass wir die besonderen Augenblicke, die erhebenden Zeiten suchen. Es gibt aber Zeiten, die nichts Erhebendes, keine Leuchtkraft erkennen lassen; dann gebraucht Gott die mühsame Alltagsarbeit wie Fußwaschungen. Sind wir bereit uns da voll einzusetzen? Gott gebraucht die Routine des Alltags, um uns durch die Zeiten zwischen besonderen Erkenntnissen zu führen. Wir sollten aber nicht erwarten, dass er uns ständig seine besonderen Augenblicke schenkt.

Entschlossenheit

Bleibt in mir … (Joh 15, 4)

Wer Früchte tragen will, muss in Jesus bleiben. »Bleibt in mir«, sagt Jesus — in geistlichen und intellektuellen Fragen, in Geldangelegenheiten, in allem, was das menschliche Leben ausmacht. Setze keine religiösen Scheuklappen auf: »In dieser Art Versammlungen, mit diesen Leuten fühle ich mich sehr wohl.« Das Christenleben findet nicht in Schubladen statt. Wir müssen da leben, wo wir ständig Einflüssen ausgesetzt sind. Hindern wir Gott daran unsere Situation zu verändern, weil wir meinen, es würde unserer Verbindung mit ihm schaden? Das ist unverschämt. Es kommt gar nicht darauf an, wie unsere Situation ist, wir können darin ebenso sicher in ihm bleiben wie in einer Gebetsversammlung. Wir sollen nicht versuchen unsere Situation selbst zu bestimmen und zu lenken. Der Herr Jesus hat nie selbst bestimmt. Er fügte sich allem, was sein Vater für ihn vorgesehen hatte; er war bei seinem Vater zu Hause, gleich wo er sich äußerlich aufhielt. Wie unglaublich viel Zeit hat der Herr Jesus gehabt! Dreißig Jahre lang hat er nichts Ungewöhnliches getan. Wir erwarten immer Aufregendes von Gott, wir haben nicht die heitere Gelassenheit eines Lebens, das »verborgen (ist) mit Christus in Gott« (Kol 3, 3).

»Bleibt in mir«. Denke einmal daran, was dich alles von deinem Platz in Jesus verdrängen kann: »Ja, Herr, ich will in dir bleiben, sobald ich diese Sache erledigt habe; ich will, aber das muss ich vorher machen; wenn diese Woche vorbei ist, dann kann ich in dir bleiben.« Tu dagegen etwas! Fang jetzt an in ihm zu bleiben! Am Anfang ist das eine ständige Anstrengung, aber irgendwann gehört es so sehr zu unserem Leben, dass wir auch unbewusst in ihm bleiben. Achte auf dein äußerliches Leben, auf dein soziales Umfeld: Bleibst du da in Jesus? Trägst du da Früchte? Gerade »darin wird mein Vater verherrlicht«, sagt Jesus. Sind unsere Gedanken auf Jesus ausgerichtet? Ist unser Nachdenken und Fragen von diesem Bleiben in ihm bestimmt? Das nimmt uns die Hektik und das Getriebensein ab. Jesus geriet nie in Panik, weil er innerlich immer uneingeschränkt bei Gott blieb. Die »Fliegenplage«, die uns geistig, moralisch und geistlich zu schaffen macht, kann uns von unserem Platz in Jesus verdrängen. In großen Katastrophen gibt uns der eigene Stolz oft das nötige Durchhaltevermögen, aber in den kleinen Alltagsdingen muss uns Gott mit seiner übernatürlichen Kraft helfen.

Wenn wir gehorchen, gleich wie geringfügig die Sache ist, steht die ganze Allmacht Gottes hinter unserem Handeln. Wenn wir unsere Pflicht tun, nicht nur weil es unsere Pflicht ist, sondern weil wir glauben, dass Gott uns zu dieser Aufgabe geführt hat, dann gehört uns in diesem Gehorsamsakt die ganze unübertreffliche Liebe Gottes. Das »Erweisen« ist das Problem. Wir sagen zwar, wir erwarteten nicht, dass Gott uns »auf Rosen gebettet« in den Himmel trägt – aber unser Handeln legt oft das Gegenteil nahe!

In unserer Alltagsarbeit müssen wir von Gottes Kraft leben und da lernen, wo er uns hinstellt, in ihm zu bleiben. Gott gibt uns den Geist Jesu, aber er gibt uns nicht sein Denken; das müssen wir erst lernen. Den Geist Jesu bekommen wir, weil er uns mit Gott versöhnt hat, aber dann müssen wir geduldig ein Denken einüben, das genau mit dem des Herrn Jesus übereinstimmt. Gott gibt uns nicht einfach die Gedanken ein, die Jesus hatte, das müssen wir selbst tun: »... und nehmen gefangen alles Denken in den Gehorsam gegen Christus« (2. Kor 10, 5). Das meint Petrus mit »erweisen«: Gewohnheiten ausbilden auf der Grundlage des neuen Lebens, das Gott in uns gelegt hat.

Treuer Gehorsam

Ihr seid meine Freunde, wenn ihr tut, was ich euch gebiete (Joh 15, 14).

Gott hat den Menschen erschaffen, damit er sein Freund sein sollte. Wenn wir Freunde Jesu sind, müssen wir unser Leben bewusst und willentlich aus der Hand geben und ihm zur Verfügung stellen. Das ist schwierig, Gott sei Dank! Wenn wir die Freundschaftsbeziehung zu Jesus richtig verstanden haben, sind wir aufgerufen jedem Menschen, dem wir begegnen, die Liebe entgegenzubringen, die er uns erwiesen hat. Achte einmal darauf, was für Leute dir Gott über den Weg schickt, dann siehst du, dass er dir auf diese Art klarmacht, was für ein Mensch du für ihn warst. »Du bist mein Kind und der Freund meines Sohnes. Jetzt bringe dieser ›widerborstigen‹ Person die Liebe entgegen, die ich dir entgegengebracht habe, als du so zu mir warst; zeige diesem geizigen Egoisten dieselbe Liebe, die ich dir gezeigt habe, als du geizig und egoistisch warst.« Da haben wir für den Rest unseres Lebens reichlich Gelegenheit bescheiden zu werden. Aber wir erkennen darin auch den Humor unseres Vaters im Himmel und begegnen der unangenehmen Person mit innerem Lachen, denn wir wissen, was Gott da tut: Er zeigt uns einen Spiegel, in dem wir sehen, wie wir gegen ihn gewesen sind; jetzt können wir zeigen, dass wir seine Freunde sind, und der andere wird sich wundern und sagen: »Je mehr ich sie ärgere, umso netter wird sie!« Und dasselbe, was uns einmal umgeworfen hat, wird auch ihn umwerfen: Gottes Gnade.

17

Du brauchst nicht mehr zu sündigen

(Römer 6, 13-18)

Wie sollten wir in der Sünde leben wollen, der wir doch gestorben sind? (Röm 6, 2)

Wir dürfen uns nicht auf Erfahrungen verlassen, sondern müssen im Glauben voraussetzen, dass Jesus Christus uns vollkommen mit Gott versöhnt hat. Wenn wir unseren Glauben unseren Erfahrungen anpassen, entsteht ein höchst unbiblischer Typ von »Heiligen«: von allem isoliert und nur auf die eigene Reinheit konzentriert. Wenn wir nicht in unserem ganzen Denken von der Voraussetzung ausgehen, dass Gott uns versöhnt hat, wird unser Glaube befangen, ängstlich und ungesund und kann die Aufgaben, die wir in der Welt haben, nicht erfüllen. Nimm dich in Acht vor einer Frömmigkeit, die nicht von der Versöhnung ausgeht; sie führt zu nichts als zu Isolation, Gott kann sie nicht gebrauchen und den Menschen ist sie lästig. Wir müssen uns entschlossen und unerschütterlich darauf verlassen, dass Jesus Christus uns vollkommen mit Gott versöhnt hat.

»So auch ihr, haltet dafür, dass ihr der Sünde gestorben seid und lebt Gott in Christus Jesus« (11). Wie viele von uns denken so? Kommen uns da unsere eigenen Gebete, unsere eigene Andacht in den Weg? An unseren Gebeten und unserer Andacht sieht man, ob wir von der richtigen Grundlage ausgehen. Ist die Versöhnung das, was mein Leben wesentlich prägt?

Gehorsam in der Hingabe

... gebt ... eure Glieder Gott als Waffen der Gerechtigkeit (13).

Hier müssen wir etwas tun, nämlich unseren Körper Gott zur Verfügung stellen. Haben wir schon einmal, seit wir Christen sind, Gott unseren Körper überantwortet? »... dass ihr eure Leiber hingebt als ein Opfer, das lebendig, heilig und Gott wohlgefällig ist« (12, 1): Nicht »gebt alles hin«, sondern »gebt eure Leiber hin«. Wenn du in diesem Punkt gehorchst, kann dein körperliches Leben ohne Bosheit und ohne Selbstsucht sein. Das Böse liegt im Wesen des Menschen, aber es hat kein Recht da zu sein, Gott hat den Menschen ohne Bosheit geschaffen. Verweigere dich der Neigung zum Bösen, sagt Paulus, lass sie kreuzigen. Lass die Sünde, also deinen Anspruch auf Selbstbestimmung, nicht mehr herrschen, gib dieser Neigung keinen Raum, sondern lass Jesus Christus herrschen. Lass dich nie von einem körperlichen Bedürfnis beherrschen oder zu etwas hinreißen.

Gehorsam in der Freiheit

Denn die Sünde wird nicht herrschen können über euch (14).

»So lasst nun die Sünde nicht herrschen in eurem sterblichen Leib«, das bedeutet, dein Anspruch auf Selbstbestimmung darf deinen Körper nicht beherrschen. Das Böse ist wie ein Monarch, der in der Außenwelt regiert, aber auch von der Seele Gehorsam fordert. Zur Versöhnung mit Gott können wir nichts beitragen und für unsere Befreiung nichts tun, aber wir müssen zeigen, dass wir vom Bösen befreit sind. Wenn du in dieser Sache gehorchst, wirst du sehen, dass die Versöhnung mit Gott dir keine Fesseln anlegt. »Haltet dafür, dass ihr ... lebt Gott in Christus Jesus.«

Gehorsam im Erkannten

Wie nun? Sollen wir sündigen, weil wir nicht unter dem Gesetz, sondern unter der Gnade sind? (15)

Erkennst du, dass Jesus Christus die Versöhnung gerade im Familienleben, im Beruf sichtbar machen will? Gottes Handeln ist vollkommen, aber an deinem Gehorsam soll man sehen, dass es an dir nicht wirkungslos war. Stelle dich immer wieder der prüfenden Frage: Wo kann man in dieser und in jener Sache die Versöhnung erkennen? Dass Gott einen Menschen verwandelt, zeigt sich darin, dass man in unauffälligen praktischen Dingen an seinem Handeln sieht, dass er befreit ist. Der Wunsch die Abläufe zu bestimmen, das Bestehen auf der Vorherrschaft der Vernunft, das sind die großen Gegner des Wesens Jesu in uns, denn es tritt in Konkurrenz zur Versöhnung durch Jesus: »Natürlich meint Gott nicht, dass die Versöhnung in meiner praktischen Arbeit sichtbar werden soll, beim Kochen und Backen oder in der Berufsarbeit!« Wenn sich da nicht zeigt, dass ich mit Gott versöhnt bin, dann zeigt es sich gar nicht. Nimm keine Frömmigkeit an, die das natürliche Leben nicht anerkennt! Sie ist Betrug. In der Sonne können wir alle leuchten, aber Jesus will, dass wir da leuchten, wo keine Sonne ist, wo die Sachzwänge alles verdunkeln.

Gehorsam im Zweifelsfall

Ihr wisst doch: wem ihr euch als Sklaven unterstellt, dem müsst ihr gehorchen, …? (16 GN)

Worüber bist du unentschieden? Wenn Jesus spricht, sage nie: »Lass uns darüber reden.« Manche von uns gehorchen Gott nur in Gebetsversammlungen oder in ihrer stillen Zeit; sie denken nie daran, ihm beim Essen oder im Büro usw. zu gehorchen. Wir versagen jedes Mal, wenn wir vergessen in Kleinigkeiten das zu tun, was wir mit so viel Freude erkannt haben, als wir in Gottes Gesetz hineinschauten (s. Jak 1, 22-25). Wenn etwas schlecht für uns ausgeht, brechen wir dann darunter zusammen oder haben wir ein Denken eingeübt, bei dem Gott immer zuerst kommt – nicht fromm und pathetisch, sondern tatsächlich? Beten setzt Gott nicht an die erste Stelle; es ist nur ein Zeichen, dass wir auf Gott ausgerichtet sind. Wir müssen einüben, Gott an die erste

Stelle zu setzen. Am Anfang muss das bewusst getan werden: Die Gefahr ist, die Vernunft an die erste Stelle zu setzen. Jede Kleinigkeit, die zwischen dich und Gott kommt, blockiert die Sicht auf Gott. Bei manchen von uns reicht schon ein neuralgischer Anfall und die ganze Versöhnung gerät in Vergessenheit.

Gehorsam mit Freude

... aber nun von Herzen gehorsam geworden ... (17)

»Gehorsam des Herzens ist das Herz des Gehorsams.« Immer wenn wir gehorchen, begegnet uns darin sofort die Freude, Gott selbst handeln zu sehen. Der vollkommene Gott ist jedes Mal gleich auf unserer Seite, wenn wir gehorchen, und der natürliche Mensch begegnet direkt der Liebe Gottes. Wenn wir den Gehorsam betrachten ohne davon auszugehen, dass wir mit Gott versöhnt sind, erscheint er uns unsinnig. Gehorsam bedeutet, dass wir uns ganz auf die Versöhnung verlassen, und dann erleben wir auch die Freude seines übernatürlichen Handelns. Wir können nichts tun, was Gott gefällt, wenn wir nicht bewusst voraussetzen, dass er uns mit sich versöhnt hat.

Gehorsam in der Treue

Denn indem ihr nun frei geworden seid von der Sünde, seid ihr Knechte geworden der Gerechtigkeit (18).

Gott sei Dank, wir können das tun, was wir eigentlich tun sollen! Wann? JETZT! Wir haben die Freiheit, Diener der Gerechtigkeit zu werden. Das Böse versucht uns zwar noch unter Druck zu setzen. Es ist jedoch am Kreuz Christi hingerichtet worden; es hat keinerlei Macht über die, die durch die Versöhnungstat Jesu befreit worden sind und jetzt in ihm leben: »Fürchtet euch nicht vor ihrem Drohen und erschreckt nicht« (1. Petr 3, 14).

Wir müssen wachsen »in der Zucht und Ermahnung des Herrn« (Eph 6, 4). Je mehr wir lernen, umso mehr können wir noch dazulernen, und je mehr wir gelernt haben, umso mehr Raum wird Gott und seine Ehre in uns einnehmen. Haben wir überhaupt schon etwas gelernt? Von Gott zu lernen ist etwas sehr Schönes und bedeutet, dass unser Unterscheidungsvermögen geübt wird. Gott stellt uns nicht in seine »Ausstellung«; wir sind hier, damit er an uns sein wunderbares Handeln zeigt und uns für seine Pläne einsetzt.

Wir müssen unser Leben mit Christus willentlich führen, sonst wird es zu schwer für uns und wir halten nicht durch. Wir können unser Leben mit Christus nur da führen, wo wir gerade sind, mitten im Alltagstrubel, und um es führen zu können, müssen wir uns bewusst sein und bleiben, dass es Gott ist, der unsere Lebensumstände bestimmt, und dass er uns nur da gebrauchen kann, wo wir sind, nicht da, wo wir nicht sind. Gott ist im Selbstverständlichen.

Verlasse ich mich in vollem Vertrauen darauf, dass Christus mich mit Gott versöhnt hat? Gehorche ich Jesus so treu, dass er in mir sein Vorhaben ausführen kann? Oder gehöre ich zu den Unglücklichen, die sich selbst eine Religion eigener Art aufbauen? Alles, was wir erleben, müssen wir an Jesus Christus und seiner Versöhnungstat messen. Die großartige Tatsache, dass Gott uns durch Christus freigekauft hat, muss die Grundlage unseres Handelns sein. Wenn wir unser Leben in Christus nicht bewusst führen und unseren Glauben nur auf Erlebnisse aufbauen, dann wird Jesus Christus uns immer undeutlicher, je weiter unsere Erlebnisse zurückliegen.

18

Und dann?

Mt 5, 45-48

»Verleugne dich selbst« mehr als andere

... damit ihr Kinder seid eures Vaters im Himmel (45).

Nach dem, was die Bibel berichtet, hat der Egoismus nicht auf der Erde, sondern im Himmel angefangen. Von dort wurde er vertrieben, weil er es nicht wert ist da zu sein, und er wird nie wieder in himmlische Sphären gelangen. Wenn wir Christen sein wollen, wie Jesus sie haben will, müssen wir mehr als andere auf unsere eigenen Wünsche verzichten. Jesus hat nie gesagt, wir sollten die Sünde verleugnen; die Sünde muss nicht verleugnet, sondern zerstört werden. Nichts, was mit Sünde in Verbindung steht, kann gut sein. »Will mir jemand nachfolgen, der verleugne sich selbst« (Mt 16, 24). Damit meint Jesus unser natürliches Ich; das müssen wir verleugnen, damit es geistlich werden kann. Christus verlangt nicht »mehr Tod dem Ich«. Er verlangt direkt den Tod für mein Ich, meinen Egoismus, meine Selbstverwirklichung. Das Ich und die Sünde sind nicht dasselbe. Die Sünde gehört nicht zum menschlichen Wesen, wie Gott es geschaffen hat. Als Gott Adam schuf, war dieser unschuldig und Gott wollte, dass er einen Charakter entwickeln sollte, der wie sein eigener wäre. Durch Gehorsam sollte er sein natürliches Wesen in ein geistliches umwandeln; aber Adam wollte das nicht. Jesus Christus hat ständig sein natürliches Wesen zurückgestellt und durch Gehorsam in ein geistliches verwandelt. Für Jesus war alles geistlich. Auch im Essen und Trinken richtete er sich immer nach dem Willen seines Vaters (s. Mt 4, 2-4). Unser natürliches Leben ist dazu da, Gott »geopfert« und dadurch in ein geistliches Leben verwandelt zu werden. »Opfern« bedeutet Gott das Beste geben, was wir haben, und selbst darauf verzichten, damit er es zu seinem ewigen Besitz macht — und damit zu unserem.

Widme dich mehr als andere dem Gebet

Herr, lehre uns beten (Lk 11, 1).

Betet ohne Unterlass (1. Thess 5, 17).

Sage nie, dass du für etwas beten willst; bete einfach dafür. Was der Herr Jesus über das Beten sagt, ist so erstaunlich einfach und zugleich von so tiefer Weisheit, dass wir ihn leicht missverstehen können. Die Gefahr ist, dass wir seine Aussagen über das Beten so »verwässern«, dass sie vernünftiger klingen; aber wenn sie nur vernünftig wären, hätte er gar nichts darüber zu sagen brauchen.

Was Jesus über das Beten sagt, ist Wahrheit, die Gott uns zeigt.

Das Beten gehört nicht zum Leben eines natürlichen Menschen. Man sagt, Menschen, die nicht beten, ginge es schlechter als anderen; das bezweifle ich jedoch. Es schadet aber dem Wesen des Sohnes Gottes, das in ihm ist, denn dieses wird nicht durch Essen, sondern durch Beten ernährt. Wenn ein Mensch neues Leben von Gott bekommt, dann wird das Wesen des Sohnes Gottes in ihn gelegt, und dieses Wesen kann er entweder verhungern lassen oder ernähren. Das Gebet ist die Art, wie Christus in uns ernährt wird. Gott hat es so eingerichtet, dass Beten auf der Grundlage der Erlösung die Sichtweise eines Menschen ändert. Das Gebet ist nicht dazu da, äußere Umstände zu ändern, sondern im Wesen eines Menschen Wunder zu tun. Eine wichtige Wirkung des Betens ist, dass es die Seele befähigt, den Körper zu kontrollieren. Gehorsam macht den Körper bereit der Seele zu gehorchen, aber Gebet gibt der Seele Macht über den Körper. Es ist eine Sache, dass der Körper bereit ist zu gehorchen, aber eine andere, dass ich ihm auch befehlen kann. Wenn ich meinen Körper unter Kontrolle habe, wird er zu meinem Verbündeten und hilft mein geistliches Leben fördern.

»... Denn euer Vater weiß, was ihr bedürft, bevor ihr ihn bittet« (Mt 6, 8). Wenn Gott sieht, dass das, worum ich bitte, für mein geistliches Leben gut ist, gibt er es mir; aber das ist nicht der Sinn des Betens. Dieser liegt darin, dass ich Gott selbst kennen lerne. Wenn ich zulasse, dass meine natürlichen Bedürfnisse sich aus der Verbindung mit Gott lösen, dann bleibt meine Aufmerksamkeit dadurch krankhaft auf mich selbst gerichtet zur großen

Freude des Teufels. Wir müssen uns selbst entschlossen in Gottes Händen lassen und die Arbeit der Fürbitte in Angriff nehmen in dem Wissen, dass Jesus uns vollkommen befreit hat.

Übe Liebe mehr als andere

Du sollst den Herrn, deinen Gott, lieben von ganzem Herzen, von ganzer Seele und von ganzem Gemüt. Dies ist das höchste und größte Gebot (Mt 22, 37+38).

Liebt ihr mich, so werdet ihr meine Gebote halten (Joh 14, 15).

Wir können Gott nur lieben, wenn wir den in uns haben, der Gott liebt, und das ist der Heilige Geist. Wenn der Heilige Geist »die Liebe ausgegossen hat in unsere Herzen« (s. Röm 5, 5), dann muss diese Liebe gepflegt werden. Liebe entfaltet sich nie, wenn sie nicht gepflegt wird. Wir müssen für die Liebe da sein und das heißt, dass wir uns mit Gottes Interesse an anderen Menschen identifizieren sollen; und Gott interessiert sich manchmal für seltsame Leute, z. B. für dich und für mich! Wir müssen aufpassen, dass sich unsere natürlichen Sympathien nicht unserem liebevollen Verhalten in den Weg stellen. Eine der grausamsten Wege die Liebe zu töten ist Verachtung, die aus unseren natürlichen Neigungen erwächst. Wir haben von unserer Natur her die Tendenz, uns von Sympathien und Antipathien leiten zu lassen, aber im geistlichen Leben dürfen wir das nicht zulassen. Und sobald wir darauf verzichten, erleben wir, dass Gott uns Sympathie schenkt für Menschen, für die wir sie von Natur aus nicht haben. Hast du einen Freund oder guten Bekannten, den du nicht hättest, wenn du nicht Christ wärest? Gottes Liebe ist nicht sentimental; so zu lieben wie Gott ist für den Christen eine sehr praktische Aufgabe. Die Liebe kommt von Gott und nicht aus uns. Gottes Liebe ist nur dann in uns, wenn der Heilige Geist sie uns eingegeben hat, und dass sie da ist, merken wir an ihren spontanen Äußerungen.

Stelle dich mehr als andere auf Glauben ein

Habe ich dir nicht gesagt: Wenn du glaubst, wirst du die Herrlichkeit Gottes sehen? (Joh 11, 40)

Wer an mich glaubt ..., von dessen Leib werden Ströme lebendigen Wassers fließen (Joh 7, 38).

»Ich schäme mich des Evangeliums nicht«, sagt Paulus, »denn es ist eine Kraft Gottes, die selig macht alle, die daran glauben« (Röm 1, 16). Wer in seiner eigenen frommen Welt lebt, seine eigene Theologie lebt, fromme »Scheuklappen« trägt und nur mit Gleichgesinnten zu tun hat, der spürt nicht, was er tut; aber wenn Gott uns an eine andere Stelle versetzt und mit Menschen konfrontiert, denen unser Glaube unwichtig ist, dann merken wir schnell, dass es stimmt, was Jesus sagt: »... darum hasst euch die Welt« (Joh 15, 19). Wenn wir manches, was Jesus gelehrt hat, wirklich glaubten, würden wir in den Augen unserer Umgebung zu Witzfiguren. Wir brauchen es, dass Gott eingreift und Wunder tut, damit wir so glauben können, wie Jesus es gesagt hat.

»Habe ich dir nicht gesagt: Wenn du glaubst, wirst du die Herrlichkeit Gottes sehen?« Immer wenn uns klar und einleuchtend ist, was wir glauben sollen, finden wir etwas, was dem widerspricht. Erst wenn er geprüft worden ist, ist Glaube wirklich Glaube. Wenn wir bereit sind zu glauben, sehen wir Gott immer, nicht nur »anfallsweise«. Hinter allem, was in unserem Leben und in der Geschichte passiert, können wir sein Handeln erkennen. Stellen wir uns denn darauf ein, konsequenter zu glauben als andere?

Entschließe dich, mehr zu wissen als andere

Wenn jemand dessen Willen tun will, wird er innewerden, ob diese Lehre von Gott ist oder ob ich von mir selbst aus rede (Joh 7, 17).

Wenn ihr dies wisst — selig seid ihr, wenn ihr's tut (Joh 13, 17).

Wenn du an Jesus glaubst, wirst du nicht dein ganzes Leben im ruhigen Wasser des Hafens verbringen, zwar voll Freude, aber immer festgebunden. Dann wirst du aus dem Hafen in das tiefe Wasser fahren und Gott da begegnen müssen; nur so erwirbt man geistliches Unterscheidungsvermögen. Wenn du die Taue nicht durchschneidest, muss Gott sie durch einen Sturm zerreißen und dich hinaustreiben. Warum nicht loslassen und alles auf

Gott ankommen lassen und auf der Flut seines Vorhabens hinausfahren?

»Wenn jemand dessen Willen tun will, wird er innewerden ...« Wenn du eine Sache erkannt hast und tust, weißt du sofort mehr. Wenn du einmal prüfst, wo du geistlich nicht weiterkommst, dann findest du die Ursache da, wo dir bewusst wird, dass du etwas Bestimmtes tun solltest, aber du hast es nicht getan, weil es im Augenblick nicht nötig schien, und jetzt ist dein Unterscheidungsvermögen infrage gestellt. In Krisenzeiten hast du dich nicht in der Hand, sondern bist unruhig und unaufmerksam. Es ist gefährlich, nichts Neues mehr wissen zu wollen.

Wenn Gottes Geist in dir ist und dir Aufgeschlossenheit geschenkt hat und wenn du dich entschließt mehr wissen zu wollen, dann merkst du, dass deine jeweilige äußere Situation deinem geistlichen Wissensstand entspricht, und wenn du dann gehorchst, erfüllst du damit deine geistliche Bestimmung. Wenn du Gelegenheiten suchst dich aufzuopfern, ist das kein Gehorsam, sondern eine Karikatur davon; denn da verwechselst du Eifer mit Unterscheidungsvermögen, das auf Wissen beruht. »Gehorsam ist besser als Opfer« (1. Sam 15, 22). Es ist sehr viel besser, die Absicht Gottes für dein Leben zu erkennen und auszuführen als große aufopferungsvolle Taten zu vollbringen.

Berufe dich nicht auf eine frühere Einsicht, wenn Gott dich in ein neues Umfeld stellen will; achte darauf, nicht dem nachzuhängen, was du einmal warst, wenn Gott dich so gestalten will, wie du noch nie warst.

19

Disziplin

Wenn ihr in mir bleibt und meine Worte in euch bleiben, werdet ihr bitten, was ihr wollt, und es wird euch widerfahren (Joh 15, 7).

In allem, was wir Christen erleben, müssen wir von der Voraussetzung der Versöhnung ausgehen; wir müssen uns auf diese große Tat verlassen, die Gott durch Christus getan hat. Wir können uns nicht selbst das ewige Leben oder das Wesen Christi geben; wir können die Sünde nicht wieder gutmachen; wir können die Welt nicht freikaufen; wir können nichts Unrechtes recht, nichts Verdorbenes gut, nichts Mangelhaftes vollkommen machen. Das alles kann nur Gott und er tut es. Gott hat uns vollkommen mit sich versöhnt. Ist uns das bewusst? Wir dürfen nie versuchen Glauben durch Charakterstärke zu ersetzen; diese Gefahr ist sehr groß. Unser Charakter kann für Gott nie gut sein; nur weil er gehandelt hat, können wir zu ihm kommen. Charakterstärke ist ein Zeichen, dass wir auf der richtigen Grundlage stehen. Dass uns die Versöhnung durch Jesus Christus voll bewusst wird, das ist es, was wir brauchen. Was am meisten fehlt, ist nicht dass wir etwas tun, sondern dass wir glauben. »Was muss ich tun, dass ich gerettet werde?« »Glaube an den Herrn Jesus« (Apg 16, 30+31).

Sich bewusst bleiben

Wenn ihr in mir bleibt ...

Wenn wir beständig in Jesus bleiben und von diesem Zentrum aus handeln, denken und arbeiten, dann, sagt Jesus, wird noch anderes passieren, nämlich dass wir »Frucht bringen«. Bleiben wir in Jesus? Nehmen wir uns die Zeit dazu? Was übt den stärksten Einfluss auf unser Leben aus: Arbeit, Dienst, Aufopferung für andere? Was es am stärksten prägen sollte, ist die Versöhnung. Nehmen wir uns eine Minute von jeder Stunde, um sie uns bewusst zu machen? Wir müssen uns angewöhnen, die Versöhnung ständig im Bewusstsein zu behalten und alles von diesem Zentrum aus zu sehen. Das erfordert Konzentration und am Anfang eine bewusste Anstrengung. »Bleibt in mir«, sagt Jesus (Joh 15,4). Es ist unbedingt notwendig, dass wir in Jesus bleiben. Wir sind dafür verantwortlich, immer in dem Bewusstsein zu leben, dass Gott uns für alle Ewigkeit mit sich versöhnt hat.

Sich immer wieder erinnern

... und meine Worte in euch bleiben ...

Um unsere Beziehung zu Jesus aufrechtzuerhalten, gebrauchen wir die Mittel, die er uns gibt, und das sind seine Worte. Manche von uns können Gott nur im aufrüttelnden Erlebnis einer Erweckung hören oder in öffentlichen Gottesdiensten; wir müssen aber lernen in unserem normalen Alltag auf Gottes Stimme zu hören. Es kommt nicht darauf an, wie viel Zeit wir einer Sache widmen, sondern ob diese Zeit uns den Zugang zur stärksten Macht in unserem Leben öffnet. Das Wichtigste in unserem Leben ist das, was die größte Macht auf uns ausübt, nicht das, was die meiste Zeit verbraucht. Fünf Minuten, die wir uns morgens als Erstes für die Worte Jesu nehmen, sind mehr wert als der ganze Rest des Tages.

Sei vorsichtig mit jeder eigenen Erfahrung, die nicht mit den Worten Jesu übereinstimmt. Erfahrung ist nur ein Zugang zu all dem, was Christus uns zeigen will. »Die Worte, die ich zu euch geredet habe, die sind Geist und sind Leben« (Joh 6, 63). Lies die Bibel, ob du sie verstehst oder nicht, dann wird der Heilige Geist dir in einer bestimmten Situation ein Wort von Jesus einfallen lassen und es lebendig machen, und dann ist die Frage: Hältst du dich an dieses Wort? Frage nie einen anderen, was das Wort bedeutet; geh damit direkt zu Gott. Sind wir es gewöhnt, auf Jesu Worte zu hören? Ist uns klar, dass Jesus mehr von unseren Aufgaben versteht als wir selbst? Der Heilige Geist nimmt immer wieder Worte von Jesus aus ihrem biblischen Zusammenhang heraus und stellt sie in den Zusammenhang unserer jeweiligen Situation.

Ständig bitten

... werdet ihr bitten, was ihr wollt ...

Das ist die Antwort auf die Frage, um was wir beten sollen. Wenn wir in Jesus bleiben, dann bestimmt er, um was wir beten, ob es uns bewusst wird oder nicht. »... was ihr wollt«, das bedeutet, wofür unser Wille sich einsetzt. Der Sinn des Betens ist der, dass wir erkennen, dass unsere Beziehung zu Gott die eines Kindes zu seinem Vater ist. »Euer Vater weiß, was ihr bedürft, bevor ihr ihn bittet« (Mt 6, 8). Wenn wir erkennen, dass wir uns nichts vorstellen können, was unser Vater vergessen könnte, können wir uns unmöglich noch Sorgen machen. Achte darauf, dass du nicht in Panik gerätst. »Euer Herz erschrecke nicht« (Joh 14, 27): Das ist ein Befehl. Sind wir gewöhnt immer zu bitten, ständig mit Jesus über alles zu sprechen? Wo wir in schwierigen Zeiten Hilfe suchen, daran sieht man, was die bestimmende Kraft in unserem Leben ist.

Immer erkennen

... und es wird euch widerfahren.

Wenn wir in Jesus bleiben und seine Worte in uns bleiben, sagt er, dann erhört Gott unsere Gebete. Erkennen wir das? »Aber«, sagst du, »wenn ich nun um etwas bitte, was Gott gar nicht will?« Das kannst du nicht, wenn du wirklich in Jesus bleibst. Wer in Jesus bleibt und in diesem Zustand lebt, der ist im Willen Gottes, und was wie seine freie Entscheidung aussieht, hat Gott in Wirklichkeit schon bestimmt. Rätselhaft? Logisch unmöglich? Trotzdem ist es wahr und etwas Herrliches für den Christen.

»Was ihr mich bitten werdet in meinem Namen, das will ich tun« (Joh 14, 14). Nehmen wir diese geistliche Aufgabe wahr? Beten wir für Christen in exponierten Stellungen wie Paulus? Beten birgt nicht die Gefahr, dass man Menschen anhimmelt oder stolz wird oder sich vor anderen zur Schau stellt. Beten ist eine unauffällige Arbeit, von der kaum jemand weiß, die aber Früchte trägt, die dem Vater Ehre machen. »Ohne mich könnt ihr nichts tun« (Joh 15, 5), das bedeutet, die Früchte, die wir tragen, wenn wir ohne Jesus leben, kommen gar nicht von ihm; aber »bleibt in mir«, dann tragt ihr Früchte, an denen man das Wesen des Weinstocks erkennt, Früchte, die den Vater ehren. »Des Gerechten Gebet« — das ist das Gebet eines Menschen, der bei Jesus bleibt — »vermag viel, wenn es ernstlich ist« (Jak 5, 16). Erkennen wir immer wieder, dass Gott wirklich Gebete erhört, wenn wir in Jesus bleiben? Verlassen wir uns in festem Vertrauen auf die Versöhnung und beziehen alles auf dieses Zentrum oder verschwenden wir unser Leben? Beherrscht Jesus Christus immer mehr alle unsere Interessen? Das bedeutet nicht, dass wir ständig nur über Gott nachdenken und all unsere Zeit der so genannten christlichen Arbeit widmen sollen; es bedeutet aber, dass wir uns auf die großartige Tatsache konzentrieren sollen, dass Gott uns versöhnt hat — obwohl wir die meiste Zeit mit den alltäglichen Dingen verbringen, die Gott uns begegnen lässt.

Wer immer wieder vom »Bleiben in Christus« redet, es aber nicht wirklich tut, fällt anderen auf die Nerven und schafft Ärger. Wenn wir die Sühne durch Jesus Christus zur stärksten Kraft in unserem Leben machen, tragen wir in allen Lebenslagen Früchte für Gott. Nimm dir Zeit herauszufinden, ob die Versöhnung das Zentrum deiner Lebenskraft ist, und bedenke, dass der Teufel dich von dieser Kraftquelle fern halten will. Jesus sagt, dass die alltäglichen Sorgen und die Lust auf andere Dinge sein Wort ersticken können (s. Mt 13, 22). Wir können Gottes Wort mit einem Gähnen ersticken; wir können die Gemeinsamkeit mit ihm zerstören, wenn uns ständig einfällt, dass wir noch anderes tun müssen. »Ich habe keine Zeit!« Natürlich nicht. Nimm dir Zeit, gib andere Interessen auf und schaffe dir Zeit, damit dir bewusst werden kann, dass das Zentrum aller Kraft in deinem Leben Jesus Christus und seine Versöhnungstat ist. Paulus wollte nichts wissen außer dieser einen Sache: »Denn ich hielt es für richtig, unter euch nichts zu wissen als allein Jesus Christus, den Gekreuzigten« (1. Kor 2, 2). Wir müssen lernen unsere Interessen zu konzentrieren und uns bewusst einzuschränken.

20

Nicht nachlassen

2. Tim 3, 14 + 15

Was du gelernt hast

Du aber bleibe bei dem, was du gelernt hast ... (14)

Wir lernen nur sehr wenig in unserem Leben, nämlich nur das, was wir mit dem Verstand erarbeiten. Halten wir uns an das, was wir gelernt haben? Wir sagen, wir glauben, dass Gott Liebe ist, aber haben wir das gelernt? Haben wir es in uns aufgenommen und verarbeitet? Manches erkennen wir als wahr, aber wir haben noch nicht die Möglichkeit es zu lernen. Vieles wird uns gesagt, aber das können wir nicht alles auf einmal lernen. Wir sagen manchmal: »Ja, so möchte ich sein« — und dann müssen wir dabei bleiben, sechzig Sekunden in der Minute, sechzig Minuten in der Stunde.

Was wir erleben, kann nicht Grundlage für unser Vertrauen sein; Erlebnisse sind die Tür zu etwas Neuem, und dieses Neue muss weitergeführt werden. Manchen von uns werden ständig Türen geöffnet, aber sie gehen nicht durch. Lass nicht nach, führe das weiter, was du gelernt hast. Wir sagen, wir würden von der Erfahrung der Heiligung berichten; wovon wir wirklich berichten, das ist ein Einblick in das Wesen der Heiligung, den Gott uns gibt. Die Erfahrung der Heiligung fängt in diesem Augenblick an und dauert das ganze Leben lang.

Was dich überzeugt hat

... die Wahrheit..., von der du fest überzeugt bist (14 GN).

Viele von uns glauben, aber sie wollen nicht vor anderen sagen, was sie glauben, und darum sind sie von nichts »fest überzeugt«. »Doch, ich habe Gott um den Heiligen Geist gebeten, aber ich fühle mich da nicht sicher.« Sprich vor anderen aus, was du glaubst und willst, dann wirst du sofort wissen, dass du bekommen hast, was du glaubst. Wir haben so schreckliche Angst auf Gottes Aussagen hin zu handeln. »Bekennen« sollen wir nicht vor anderen, sondern vor uns selbst. Bekennen setzt voraus, dass wir uns in einer bestimmten Sache auf Gott verlassen haben und nun glauben, dass er die Bitte erfüllt hat, weil er es sagt. Indem wir das vor anderen aussprechen, merken wir, dass es außer Gott niemanden gibt, der uns zuverlässig hilft. Haben wir es schon einmal auf uns genommen, öffentlich von unserem Glauben zu sprechen? Wenn wir »von Herzen glauben«, dann müssen wir auch vor denen, die es wissen sollen, »mit dem Munde bekennen«, was wir glauben (s. Röm 10, 10). Manche von uns sind auch darum unsicher, weil sie das, was sie schon erlebt haben, nicht weiterführen; aus irgendeinem Grund haben sie die Lust verloren.

Treue zu unseren Lehrern

Du weißt ja, von wem du gelernt hast ...

Gott lässt uns ganz bestimmten Leuten begegnen, die uns lehren, und wir müssen darauf achten, in der Treue zu ihnen nicht nachzulassen. Treue zum Lehrer ist etwas sehr Seltenes. Der Mensch, durch den Gott mich lehrt, braucht nicht derselbe zu sein, durch den er dir etwas sagt. Wir dürfen unsere Lehrer nicht allen anderen aufdrängen. Sind wir unseren Lehrern treu oder sind wir wie Schmetterlinge, die jeder neuen Erscheinung im Gemeindeleben folgen? Gott zeigt uns nur sehr selten etwas direkt aus der Bibel, solange er uns nicht selbst aufgefordert hat, sie so zu lesen: »... und er hat einige als Apostel eingesetzt, einige als Propheten, einige als Evangelisten, einige als Hirten und Lehrer« (Eph 4, 11). Gott setzt seine Lehrer selbst ein und wir müssen sehen, dass unsere Treue zu ihnen nicht nachlässt.

Die Wahrheit der Bibel

... und dass du von Kind auf die heilige Schrift kennst ... (15)

Nicht das formt uns, was die meiste Zeit in Anspruch nimmt, sondern das, was den stärksten Einfluss ausübt.

Fünf Minuten mit Gott und seinem Wort sind mehr wert als alles andere. Lesen wir die Bibel, damit Gott zu uns spricht und uns »zur Seligkeit unterweist« (s. 15), oder suchen wir nur Texte, über die man predigen kann? Es gibt Leute, die durch die Bibel »vagabundieren« und nur so viel daraus entnehmen, dass es für Predigten reicht; sie lassen Gottes Wort nie lebendig werden und direkt zu ihnen sprechen. In geistlichen Dingen soll man nicht von der Hand in den Mund leben und aufs Betteln angewiesen sein.

Vorsicht vor Neuheiten! Manche von uns verhalten sich im geistlichen Leben wie eigenwillige, hochnäsige Reisende: »Ich finde mich schon zurecht.« Wir sollen aber auf dem geraden Weg bleiben: »Ehre deinen Vater und deine Mutter, vergiss nicht den Sabbat heilig zu halten« (s. 2. Mose 20, 1-18). Gott greift auf das Alte zurück, um zu sehen, ob wir treu sind. Alles, was neu aufkommt, verschwindet auch wieder, aber die vorgegebene Grundrichtung bleibt.

Zur Seligkeit

... die dich unterweisen kann zur Seligkeit durch den Glauben an Christus Jesus.

Wir können die Bibel nur als Wort Gottes wahrnehmen, wenn wir sie über das erschließen, was Jesus Christus sagt. Alle Teile der Bibel vom ersten Buch Mose bis zur Offenbarung zeigen uns Jesus Christus. Der Sinnzusammenhang der Bibel ist Christus selbst, und wenn wir keine gesunde Beziehung zu ihm haben, erscheint uns die

Bibel wie irgendein anderes Buch. Wir können sie nicht durch Verstandesarbeit kennen lernen. Der Schlüssel zum Verständnis der Bibel ist nicht unsere Intelligenz, sondern unsere persönliche Beziehung zu Jesus Christus (s. Joh 5, 39+40). Das Neue Testament ist nicht geschrieben worden, um zu beweisen, dass Jesus Christus Gottes Sohn ist, sondern um diejenigen, die glauben, dass Jesus Christus Gottes Sohn ist, in diesem Glauben zu bestärken. Vieles nehmen wir als selbstverständlich hin, aber wirklich besitzen tun wir nur das, was wir durch Schmerzen erworben haben; was eine Sache wert ist, das kostet sie auch. Wenn wir leidvolle Erfahrungen machen, sieht es oft aus, als ob wir alles verlören, aber nach und nach bekommen wir alles zurück. Die Bibel behandelt uns wie das Leben: grob.

»Alle Morgen weckt er mir das Ohr, dass ich höre, wie Jünger hören« (Jes 50, 4). Lassen wir es zu, dass die Worte uns treffen, wenn wir die Bibel lesen? Die lebenswichtige Beziehung des Christen zur Bibel besteht nicht darin, dass er den »Buchstaben« anbetet, sondern dass der Heilige Geist ihm die Worte zu »Geist und Leben« macht (s. Joh 6, 63). Wenn wir das neue Leben haben, ist die Bibel für uns eine unerschöpfliche Informationsquelle von Gott, aus der wir immer mehr erfahren, wer Jesus Christus ist.

21

Liebe zu Gott einüben

Ihr seid gerettet, und das soll sich an eurem Leben zeigen. ...
Er selbst bewirkt ja beides in euch: den guten Willen und die
Kraft, ihn auch auszuführen (Phil 2, 12+13 Hfa).

Wenn Christus unserem Gewissen begegnet, dann weckt das Gewissen zuerst den Willen und der Wille stimmt immer mit Gott überein. Du sagst: »Ich weiß nicht, ob mein Wille mit Gott übereinstimmt.« Wenn du Jesus ansiehst, dann siehst du, dass dein Wille und dein Gewissen immer das anstreben, was Gott will. Was dich treibt zu sagen: »Das mach ich nicht«, das ist nichts so Zentrales wie dein Wille, das ist Trotz oder Eigensinn und stimmt nie mit Gott überein. Eigensinn ist ein Rest unserer selbstbestimmten Einstellung; er kämpft gegen das an, was das Gewissen und der Wille eines Menschen als richtig erkennen. Wenn wir auf unserem Trotz und Eigensinn beharren, kommen wir am Ende dahin, dass wir die Regungen des Willens und des Gewissens nicht mehr wahrnehmen.

Der Wille ist die zentrale Kraft im Menschen, wie Gott ihn geschaffen hat; die Sünde ist eine falsche Einstellung, die von außen hereingekommen ist. Das Innerste des Menschen ist der Wille, nicht die Sünde. Von der Schöpfung her ist das Wesen des Menschen nicht böse und dieses menschliche Wesen, das Gott gemacht hat, hat Jesus Christus für sich angenommen. Eigensinn ist ein dummer Widerstand gegen bessere Einsicht. Er überrascht uns immer wieder: »Warum habe ich das nicht getan?« Eigensinn kann man nur loswerden, indem man ihn wegsprengt, und die Sprengkraft ist der Gehorsam gegen den Heiligen Geist. Wenn der Heilige Geist in meinen menschlichen Geist kommt, dann macht er mich so eins mit Jesus, wie er eins mit dem Vater war, und mit diesem Einswerden findet die Persönlichkeit ihren richtigen Platz.

Wie Gott arbeitet

Er selbst bewirkt ja beides in euch: den guten Willen und die Kraft, ihn auch auszuführen.

Solange ein Mensch nicht richtig mit Gott verbunden ist, kann sein Gewissen ihm Kummer und Unruhe bereiten, aber wenn er neu geboren ist, macht es ihm immer wieder Freude, weil er merkt, dass sein Wille und sein Gewissen in Harmonie mit Gott sind, ja sogar, dass Gottes Wille sein Wille ist, und ein solches Leben ist so natürlich wie Atmen; es ist geprägt davon herauszufinden, »was Gottes Wille ist, nämlich das Gute und Wohlgefällige und Vollkommene« (Röm 12, 2).

Kann ein natürlicher Mensch ein solches Niveau erreichen, dass er tatsächlich ausführt, was Gott will? Die Bibel sagt: Ja. Gott hilft mir nicht nur auf übernatürliche Weise, er selbst beschließt und tut in mir, was er will; das bedeutet, dass ich alles tun kann, was mein Wille und mein Gewissen mir als Aufgabe zeigen. Wenn ich Gottes Kind bin, merke ich nicht nur, dass mein Wille von Gott kommt, sondern dass Gott in mir seinen Willen tut. Ich stelle Gottes Willen nicht meinen eigenen entgegen; Gottes Wille ist mein Wille und was ich als Mensch entscheide, entspricht seinem Willen. Dann fange ich an zu verstehen, dass Gott meine Lebensumstände steuert, damit ich in der jeweiligen Lage seinen Willen tue, nicht damit ich darunter nachgebe und mich bedaure. Hier und jetzt sollen wir Gottes Willen tun! Tun wir ihn oder rebellieren wir: »Warum muss ich diese aufreibende Situation aushalten?« »Warum bin gerade ich so unfähig oder behindert?« Das ist Rebellion. Tue Gottes Willen. Gott erwartet das nicht nur von dir, er ist selbst in dir, um ihn zu tun.

Auszuführen, was Gott will, ist nie schwer. Schwer ist es nur, es nicht zu tun. Alle Kräfte der Natur und des göttlichen Handelns helfen uns, wenn wir tun, was Gott will, denn durch unseren Gehorsam gewinnt Gott Raum, auf seine erstaunliche Art mit uns umzugehen. Wenn man manche von uns als Beispiel für Gehorsam gegen Gott hinstellte, das wäre keine Empfehlung! Wir sollten vor Freude übersprudeln, weil Gott in uns beschließt und tut, was er will. Es gibt nichts Besseres als Gottes Willen. Er ist nur hart, wenn er auf unseren Eigensinn stößt — dann schneidet er ein wie eine Pflugschar und zerstört wie ein Erdbeben. Gott hat keine Nachsicht mit Dingen, die seine Beziehung zu einem Menschen beeinträchtigen. Und wenn Gott sich endlich durchsetzt, dann werden wir in das Leben Gottes selbst erhoben und das ist das Leben, das Jesus geführt hat. Ob ein Christ sich als solcher bewährt, erkennt man ausschließlich daran, ob in seinem natürlichen Leben das Wesen des Sohnes Gottes sichtbar wird.

Wie Christen arbeiten

Ihr seid gerettet, und das soll sich an eurem Leben zeigen.

Wenn wir die Liebe zu Gott einüben, jeden Tag und jede Woche in unserem Leben, wenn wir nach außen hin zeigen, was Gott in uns legt, dann finden wir in Krisensituationen, dass unser natürliches Wesen uns hilft, weil wir es daran gewöhnt und trainiert haben auszuführen, was Gott in uns hineinlegt. Was wir üben, wird uns zur zweiten Natur und dann finden wir in Krisenzeiten, aber auch in den kleinen Alltagsdingen, dass nicht nur Gottes Liebe uns hilft, sondern auch unser natürliches Wesen zu unserem Verbündeten geworden ist. Wenn wir im Alltag nicht geübt haben, ist es nicht Gott, der uns in der Krise im Stich lässt, sondern unser natürliches Wesen versagt und wir halten nicht durch. Gott entwickelt keine Gewohnheiten für uns und übernimmt nicht das Üben; Gott ändert unsere innere Haltung und überlässt es uns, diese neue Haltung, die er in uns gelegt hat, durch Übung und Gewohnheit wirksam werden zu lassen. Immer wenn Gott uns einen Einblick in sein unbegreiflich vollkommenes Handeln gegeben hat, müssen wir wieder daran arbeiten alles praktisch anzuwenden, was er in uns gelegt hat; wir dürfen nicht stehen bleiben.

»Ihr seid gerettet ...«: Wir müssen nichts leisten, damit wir gerettet werden, sondern wir sollen durch unsere Lebensweise zum Ausdruck bringen, dass Gott das neue Leben schon in uns gelegt hat. Was rede ich? Was höre ich gern? In welcher Gesellschaft fühle ich mich wohl?

An diesen Dingen sieht man, ob wir das neue Leben praktizieren, das Gott uns gegeben hat. Gott bewirkt das Wesentliche in uns; unsere Aufgabe ist es, das Ergebnis zum Ausdruck zu bringen. Wenn Gott uns neues Leben gibt, bringt er uns in Übereinstimmung mit sich selbst; so können wir zeigen, wem wir gehören, indem wir diese Einheit in unserem natürlichen Leben sichtbar machen. Das Erste, was wir lernen müssen, ist, dass Gott im Innern arbeitet und wir nach außen hin umsetzen müssen, was er in uns geschaffen hat. Das ist die Stelle, wo wir uns an Gott ausliefern und ihm Handlungsfreiheit lassen müssen. Wenn wir versuchen unser Inneres zu verändern, behindern wir Gott. Zu viele von uns weihen sich Gott und widmen sich dem Gebet, anstatt Gott an sich handeln zu lassen, so wie er es will. Damit machen sie sich selbst zu Handelnden. Gott ist der Handelnde und er will geistliches Leben. Gott legt nur die Grundlagen, wir müssen die praktische Arbeit tun. Wir müssen darauf achten, beständig, sorgfältig und konzentriert das umzusetzen, was Gott in uns geschaffen hat, nicht »schaffen, dass wir gerettet werden«, sondern zeigen, dass wir gerettet sind. Um das zu tun, müssen wir uns entschlossen und felsenfest darauf verlassen, dass Jesus Christus uns vollkommen und ohne Einschränkung erlöst hat.

Leseprobe

entnommen aus:
»Mein Äußerstes für sein Höchstes«

7. August

Beten im Haus des Vaters

»... da fanden sie ihn im Tempel sitzen. ... Und er sprach zu ihnen: Wisst ihr nicht, dass ich sein muss in dem, was meines Vaters ist?« (Lk 2,46.49).

Die Kindheit Jesu war keine Zeit, in der Unreifes langsam zur Reife heranwuchs. Sie war das sichtbare Zeichen für die ewige Tatsache, dass Christus Kind des Vaters ist. Wenn ich mit Jesus, der mich gerettet hat, ganz eins bin, bin dann nicht auch ich ein unschuldiges Kind und gehöre ganz meinem Vater, Gott? Verstehe ich mich selbst so, dass ich im Vaterhaus wohne? Lebt der Sohn Gottes in mir im Haus seines Vaters?

Die einzige beständige Wirklichkeit ist Gott selbst, und er gibt mir seine Weisung je nach der augenblicklichen Lage. Bin ich ständig in Verbindung mit Gottes Wirklichkeit oder bete ich nur, wenn etwas schief gegangen ist — wenn mein Lebensablauf gestört wird? Ich muss lernen, mich ganz mit Christus zu identifizieren durch eine Einheit und Gemeinschaft mit ihm, deren Intensität manche von uns noch gar nicht kennen: »... dass ich sein muss in dem, was meines Vaters ist« — ich muss lernen, jeden Augenblick meines Lebens im Haus meines Vaters zu verbringen.

Wie ist das bei dir? Bist du so eng mit dem Wesen Jesu verbunden, dass du ganz einfach ein Kind Gottes bist, ständig mit ihm sprichst und wahrnimmst, dass alles von ihm kommt? Lebt dieses ewige Kind, der Sohn Gottes in dir, im Haus seines Vaters? Wirkt sich sein Leben, das er dir gegeben hat, wohltuend auf deine Familie, deine Arbeitskollegen, deinen Freundeskreis aus? Fragst du dich manchmal, warum du bestimmte Situationen erlebst? Nicht weil *du* sie bestehen sollst. Es ist eine Folge deiner Verbindung mit dem Sohn Gottes, der in dein Leben kommt, weil sein Vater es so gewollt hat. Du musst *ihm* Raum geben, über dich zu bestimmen, und die vollkommene Einheit mit ihm bewahren.

Das Wesen deines Herrn muss ganz zu deinem eigenen, innersten Wesen werden, und wie er unter Menschen auf der Erde gelebt und gehandelt hat, so muss er auch in dir leben und handeln.

8. August

Beten zur Ehre des Vaters

»... darum wird auch das Heilige, das geboren wird, Gottes Sohn genannt werden« (Lk 1,35).

Wenn der Sohn Gottes als Kind in meinen natürlichen Menschen hereingekommen ist, lasse ich dann zu, dass seine göttliche Unschuld, Einfachheit und Einheit mit dem Vater in mir sichtbar werden? Was für Maria galt, ehe Jesus geboren wurde, gilt für jeden Christen: Durch einen unmittelbaren Akt Gottes hat sein Sohn angefangen, in mir zu leben. Also muss ich als sein Kind das tun, was ein Kind ganz natürlich tun darf: Ich muss durch das Gebet immer in der Nähe meines Vaters bleiben. Will der natürlich-vernünftige Teil meiner selbst immer wieder eigene Absichten verwirklichen, so dass ich ihn zurückrufen muss? »Wisst ihr nicht, dass ich sein muss in dem, was meines Vaters ist?« (Lk 2,49). Unabhängig von den äußeren Umständen muss dieses göttliche, ewige, unschuldige Kind mein Leben so bestimmen, dass die Verbindung mit seinem Vater nie gestört wird. Ist meine Seele so ungeteilt, dass ich mich auf diese Art mit Christus identifizieren kann? Bestimmt sein vollkommener Wille über mich? Wird Gottes Wille darin erfüllt, dass sein Sohn in mir Gestalt annimmt (s. Gal 4,19), oder habe ich ihn vorsorglich beiseite geschoben? Unsere Zeit ist voll mit lautem Geschrei. Warum scheinen alle so laut zu schreien? Die Leute heute schreien, Gottes Sohn müsse umgebracht werden. Hier ist im Augenblick kein Platz für den Sohn Gottes: kein Platz für stille, ungetrübte Gemeinschaft und Einheit mit dem Vater.

Betet der Sohn Gottes in mir, ehrt er den Vater oder schreibe ich ihm vor, was ich will? Tut er in mir Gutes, wie er es als Mensch auf der Erde getan hat? Erträgt der Sohn Gottes in mir sein Leiden, damit sein Plan ausgeführt werden kann? Je mehr ein Mensch vom inneren Leben der reifsten Christen weiß, umso besser versteht er, was Gott wirklich will: »... erstatte an meinem Leib, was an den Leiden Christi noch fehlt« (Kol 1,24). Und wenn man denkt, was dieses »Erstatten« erfordert, dann gibt es immer noch etwas zu tun.

9. August

Beten, das der Vater hört

»Jesus aber hob seine Augen auf und sprach: Vater, ich danke dir, dass du mich erhört hast« (Joh 11,41).

Wenn der Sohn Gottes betet, konzentriert er seine ganze Aufmerksamkeit auf den Vater. Gott hört die Gebete seines Sohnes immer und wenn der Sohn Gottes in mir Gestalt gewonnen hat (s. Gal 4,19), hört der Vater auch meine Gebete immer. Aber ich muss dafür sorgen, dass der Sohn Gottes in meinem natürlichen Leben erkennbar wird. »... dass euer Leib ein Tempel des heiligen Geistes ist« (1. Kor 6,19), das heißt, dein Körper ist »Bethlehem« für Gottes Sohn, der Platz, an dem er in die Welt gekommen ist. Gebe ich Gottes Sohn die Möglichkeit, in mir zu handeln? Äußert sich seine einfache Direktheit in mir genau so, wie sie sich in seinem Leben auf der Erde geäußert hat? Wenn ich als gewöhnlicher Mensch mit dem alltäglichen Leben konfrontiert werde, betet dann der ewige Sohn Gottes in mir zum Vater? Jesus sagt: »An jenem Tage werdet ihr bitten in meinem Namen« (Joh 16,26). Welchen Tag meint er da? Er spricht von dem Tag, an dem der Heilige Geist zu mir gekommen ist und mich mit dem Herrn Jesus vereint hat.

Kann sich Jesus wirklich über dich freuen oder findet er geistlichen Stolz bei dir? Lass dein natürliches Denken nie so vorherrschen, dass es den Sohn Gottes beiseite drängt. Natürliche Vernunft ist eine Begabung, die Gott dem natürlichen Menschen gegeben hat — aber sie ist keine Gabe, die sein Sohn gibt. Sein Sohn gibt ein übernatürliches Gespür und wir sollten nie die natürliche Vernunft auf den Thron erheben. Der Sohn erkennt den Vater immer und identifiziert sich mit ihm, aber die natürliche Vernunft hat das noch nie getan und wird es nie tun. Unsere natürlichen Fähigkeiten geben Gott nie Ehre, wenn sie nicht durch den Sohn Gottes in uns verwandelt werden. Wir müssen darauf achten, dass unsere menschliche Natur ihm ganz untergeordnet bleibt, so dass er jeden Augenblick durch sie handeln kann. Sind wir persönlich so abhängig von Jesus Christus, dass sein Leben jeden Augenblick in uns sichtbar ist?

hänssler

Weitere Bücher von und über Oswald Chambers

Die Biographie

David McCasland
Oswald Chambers

Ein Leben voller Hingabe
Pb., 330 S., 16 Bildseiten
Nr. 392.112, ISBN 3-7751-2112-9

Hingabe — kein besserer Begriff kennzeichnet den 1874 in Schottland geborenen Oswald Chambers, der bei uns mit seinem Buch »Mein Äußerstes für sein Höchstes« bekannt geworden ist. Durch die Verwendung von Tagebuchauszügen, Briefen usw. wird das Leben dieses beeindruckenden Mannes lebendig.

Bitte fragen Sie in Ihrer Buchhandlung nach diesem Buch! Oder schreiben Sie an den Hänssler Verlag, D-71087 Holzgerlingen.

hänssler

Die Andachtsbücher

Oswald Chambers
Mein Äußerstes für sein Höchstes
In sprachlicher Neubearbeitung
Gb., 11 x 17 cm, 608 S., Nr. 392.113,
ISBN 3-7751-2113-7

Zeit für Gott — im Trubel des Alltags: Jeden Tag macht Chambers Ihnen Mut, Großes von Gott zu erwarten! Die lebendige Sprache bringt Ihnen seine tiefen geistlichen Gedanken erfrischend verständlich näher. 365 Andachten voller Kraft und Intensität.

Oswald Chambers
Ich schaue in Gottes Angesicht
Kurze tägliche Einübung für das Gebet
Gb., 11 x 17 cm, 144 S., Nr. 393.484
ISBN 3-7751-3484-0

»Beten ist der Auftrag, den Gott uns gegeben hat« — herausfordernd und zutiefst echt sind die kurzen Gedankenanstöße, in denen Sie neue Impulse für Ihr persönliches Reden mit Gott bekommen. Geeignet als Andachtsbuch oder auch als geistliche »Stärkung« zwischendurch.

Bitte fragen Sie in Ihrer Buchhandlung nach diesem Buch! Oder schreiben Sie an den Hänssler Verlag, D-71087 Holzgerlingen.